COMMENT TOUT PEUT S'EFFONDRER

Petit manuel de collapsologie à l'usage des générations présentes

Pablo Servigne
Raphaël Stevens

COMMENT TOUT PEUT S'EFFONDRER

Petit manuel de collapsologie à l'usage des générations présentes

Postface par Yves Cochet

Éditions du Seuil
25, bd Romain-Rolland, Paris XIVe

ISBN 978-2-02-122331-6

www.seuil.com

À celles et ceux qui ressentent de la peur,
de la tristesse et de la colère.
À celles et ceux qui agissent comme
si on était tous dans le même bateau.
Aux réseaux des temps difficiles
(« rough weather networks ») inspirés par Joanna Macy,
qui essaiment et se connectent.

« Les catastrophes écologiques qui se préparent à l'échelle mondiale dans un contexte de croissance démographique, les inégalités dues à la rareté locale de l'eau, la fin de l'énergie bon marché, la raréfaction de nombre de minéraux, la dégradation de la biodiversité, l'érosion et la dégradation des sols, les événements climatiques extrêmes... produiront les pires inégalités entre ceux qui auront les moyens de s'en protéger, pour un temps, et ceux qui les subiront. Elles ébranleront les équilibres géopolitiques et seront sources de conflits. L'ampleur des catastrophes sociales qu'elles risquent d'engendrer a, par le passé, conduit à la disparition de sociétés entières. C'est, hélas, une réalité historique objective. [...] Lorsque l'effondrement de l'espèce apparaîtra comme une possibilité envisageable, l'urgence n'aura que faire de nos processus, lents et complexes, de délibération. Pris de panique, l'Occident transgressera ses valeurs de liberté et de justice. »

MICHEL ROCARD, DOMINIQUE BOURG ET FLORAN AUGAGNEUR, *2011*.
Respectivement ancien Premier ministre,
professeur à la faculté des géosciences et de l'environnement
de l'université de Lausanne, et professeur de philosophie
de l'écologie à l'Institut d'études politiques de Paris.

« Il existe une certaine probabilité pour que le pic pétrolier se produise aux alentours de l'année 2010, et qu'il ait des conséquences sur la sécurité dans un délai de 15 à 30 ans. [...] À moyen terme, le système économique global ainsi que chaque économie de marché nationale pourraient s'effondrer. »

Rapport de la Bundeswehr (armée allemande), 2010.

« Les risques suivants sont identifiés avec une grande certitude : [...] 3. Les risques systémiques dus à des phénomènes météorologiques extrêmes menant à la rupture des réseaux d'infrastructure et des services essentiels tels que l'électricité, l'approvisionnement en eau, et les services de santé et d'urgence. [...] 5. Risque d'insécurité alimentaire et de rupture des systèmes alimentaires. »

Cinquième rapport du GIEC, 2014.

« Notre civilisation est aujourd'hui sur une trajectoire économique qui n'est pas soutenable, sur un chemin qui nous mène vers le déclin économique, voire l'effondrement. »

LESTER BROWN, *Plan B 2.0, 2006.* Fondateur du Worldwatch Institute, fondateur et président du Earth Policy Institute.

« Selon les scientifiques, il existe un large consensus sur deux traits communs aux civilisations qui se sont effondrées : elles souffraient toutes d'un orgueil démesuré et d'un excès de confiance en elles. Elles étaient convaincues de leur capacité inébranlable à relever tous les défis qui se présenteraient à elles et estimaient que les signes croissants de leur faiblesse pouvaient être ignorés en raison de leur caractère pessimiste. »

JEREMY GRANTHAM, *2013.* Investisseur, cofondateur de Grantham Mayo van Otterloo (GMO), l'un des plus grands gestionnaires de fonds de la planète.

« Les systèmes tiennent souvent plus longtemps qu'on ne le pense, mais finissent par s'effondrer beaucoup plus vite qu'on ne l'imagine. »

Ken Rogoff, *2012.*
Ancien chef économiste
du Fonds monétaire international.

« L'humanité peut-elle éviter un effondrement causé par des famines ? Oui, nous le pouvons, malgré le fait que nous estimons actuellement nos chances à 10 %. Aussi sombre que cela puisse paraître, nous pensons que pour le bien des générations futures, cela vaut la peine de lutter pour que ces chances passent à 11 %. »

Paul R. Ehrlich et Anne H. Ehrlich, *2013.*
Professeurs de biologie à la Stanford University.

INTRODUCTION

IL FAUDRA BIEN ABORDER LE SUJET UN JOUR...

Crises, catastrophes, effondrements, déclin... L'apocalypse se lit en filigrane des nouvelles quotidiennes du monde. Alors que certaines catastrophes sont bien réelles et nourrissent le besoin d'actualité des journaux – accidents d'avion, ouragans, inondations, déclin des abeilles, chocs boursiers ou guerres –, est-il pour autant justifié d'insinuer que notre société « va droit dans le mur », d'annoncer une « crise planétaire globale » ou de constater une « sixième extinction de masse des espèces » ?

Il est devenu paradoxal de subir ce déferlement médiatique de catastrophes, mais de ne pas pouvoir parler explicitement de *grandes* catastrophes, sans passer pour... « catastrophiste » ! Tout le monde, par exemple, a su que le GIEC avait publié un nouveau rapport sur l'évolution du climat en 2014, mais a-t-on vu un réel débat sur ces nouveaux scénarios climatiques et sur leurs implications en termes de changement social ? Non, bien sûr. Trop catastrophiste.

Peut-être sommes-nous las des mauvaises nouvelles. D'ailleurs, n'y a-t-il pas toujours eu des menaces de fin du monde ? Envisager l'avenir sous la forme du pire n'est-il pas un phénomène narcissique typiquement européen ou occidental ? Le catastrophisme n'est-il pas un nouvel opium du peuple, distillé par des ayatollahs écolos et des scientifiques en mal de financement ? Allons donc, Françaises et Français, encore un effort et nous sortirons de « la crise » !

Peut-être, au contraire, ne savons-nous pas parler des catastrophes, des vraies, celles qui durent, celles qui ne correspondent pas au rythme de l'actualité. Car, il faut bien le constater, nous sommes confrontés à de sérieux problèmes environnementaux, énergétiques, climatiques, géopolitiques, sociaux et économiques qui ont aujourd'hui franchi des points de non-retour. Peu de gens le disent, mais toutes ces « crises » sont interconnectées, s'influencent et se nourrissent. Nous disposons aujourd'hui d'un immense faisceau de preuves et d'indices qui suggère que nous faisons face à des instabilités systémiques croissantes qui menacent sérieusement la capacité de certaines populations humaines – voire des humains dans leur ensemble – à se maintenir dans un environnement viable.

Effondrement ?

Il ne s'agit pas de la fin du monde, ni de l'apocalypse. Il ne s'agit pas non plus d'une simple crise dont on sort indemne, ni d'une catastrophe ponctuelle que l'on oublie après quelques mois, comme un tsunami ou une attaque terroriste. Un effondrement est « le processus à l'issue duquel les besoins de base (eau, alimentation, logement, habillement, énergie, etc.) ne sont plus fournis [à un coût raisonnable] à une majorité de la population par des services encadrés par la loi[1] ». Il s'agit donc bien d'un processus à grande échelle irréversible, comme la fin du monde, certes, sauf que ce n'est pas la fin ! La suite s'annonce longue, et il faudra la vivre, avec une certitude : nous n'avons pas les moyens de savoir de quoi elle sera faite. Par contre, si nos « besoins de base » sont touchés, alors on imagine aisément que la situation *pourrait* devenir incommensurablement catastrophique.

Mais jusqu'où ? Qui est concerné ? Les pays les plus pauvres ? La France ? L'Europe ? L'ensemble des pays riches ? Le monde industrialisé ? La civilisation occidentale ? L'ensemble de l'humanité ? Ou même, comme certains scientifiques l'annoncent, la grande majorité des espèces vivantes ? Il n'y a pas de réponses claires à ces questions, mais une chose est certaine, aucune de ces possibilités n'est à exclure. Les « crises » que nous subissons touchent toutes ces catégories : par exemple, la fin du pétrole concerne l'ensemble du monde industrialisé (mais pas les petites sociétés paysannes traditionnelles oubliées de la mondialisation), les changements climatiques, en revanche, menacent l'ensemble des humains ainsi qu'une bonne partie des espèces vivantes.

Les publications scientifiques qui envisagent des évolutions catastrophiques globales et une probabilité croissante d'effondrement se font de plus en plus nombreuses et étayées. Les comptes-rendus de l'Académie des sciences de Grande-Bretagne ont publié un article de Paul et Anne Ehrlich à ce sujet en 2013, laissant peu de doutes sur l'issue[2]... Les conséquences des changements environnementaux planétaires que l'on estimait plausibles pour la seconde moitié du XXIe siècle se manifestent aujourd'hui très concrètement, à la lumière de chiffres de plus en plus précis et accablants. Le climat s'emballe, la biodiversité s'effondre, la pollution s'immisce partout et devient persistante, l'économie risque un arrêt cardiaque à chaque instant, les tensions sociales et géopolitiques se multiplient, etc. Il n'est plus rare de voir des décideurs au plus haut niveau et des rapports officiels de grandes institutions (Banque mondiale, armées, GIEC, banques d'affaires, ONG, etc.) évoquer la possibilité d'un effondrement, ou de ce que le prince Charles appelle un « acte de suicide à grande échelle[3] ».

Plus largement, l'Anthropocène est le nom donné à cette nouvelle époque géologique qui caractérise notre présent[4]. Nous – les humains – sommes sortis de l'Holocène, une époque d'une remarquable stabilité climatique qui a duré environ 12 000 ans et qui a permis l'émergence de l'agriculture et des civilisations. Depuis quelques décennies, les humains (en tout cas une bonne partie, en nombre croissant) sont devenus capables de bouleverser les grands cycles biogéochimiques du système-Terre, créant ainsi une nouvelle époque de changements profonds et imprévisibles.

Cependant, ces constats et ces chiffres sont « froids ». En quoi cela touche-t-il notre quotidien ? Ne sentez-vous pas qu'il y a comme un énorme vide à combler, un trait d'union à faire entre ces grandes déclarations scientifiques rigoureuses et globales, et la vie de tous les jours qui se perd dans les détails, le fouillis des imprévus et la chaleur des émotions ? C'est précisément ce vide que tente de combler ce livre. Faire le lien entre l'Anthropocène et votre estomac. Pour cela, nous avons choisi la notion d'effondrement, car elle permet de jouer sur plusieurs tableaux, c'est-à-dire de traiter aussi bien des taux de déclin de biodiversité que des émotions liées aux catastrophes, ou de discuter de risques de famines. C'est une notion qui touche aussi bien des imaginaires cinématographiques très largement partagés (qui ne visualise pas Mel Gibson dans le désert, armé d'un fusil à pompe ?) que des rapports scientifiques confinés ; qui permet d'aborder différentes temporalités (de l'urgence du quotidien au temps géologique) tout en naviguant à l'aise entre passé et futur ; ou qui permet de faire le lien entre la crise sociale et économique grecque et la disparition massive des populations d'oiseaux et d'insectes en Chine ou en Europe. Bref, c'est elle qui rend vivante et tangible la notion d'Anthropocène.

Pourtant, dans l'espace médiatique et intellectuel, la question de l'effondrement n'est pas abordée sérieusement. Le fameux bug de l'an 2000, puis l'« événement maya » du 21 décembre 2012 ont évincé la possibilité de toute argumentation sérieuse et factuelle. Évoquer un effondrement en public équivaut à annoncer l'apocalypse, donc à se voir renvoyer à la case bien délimitée des « croyants » et des « irrationnels » qui ont « existé de tout temps ». Point barre, sujet suivant. Ce processus de bannissement automatique – qui pour le coup apparaît vraiment irrationnel – a laissé le débat public dans un tel état de délabrement intellectuel qu'il n'est plus possible de s'exprimer que par deux postures caricaturales qui frisent souvent le ridicule. D'une part on subit des discours apocalyptiques, survivalistes ou pseudo-mayas, et d'autre part on endure les dénégations « progressistes » des Luc Ferry, Claude Allègre et autres Pascal Bruckner. Les deux postures, toutes deux frénétiques et crispées autour d'un mythe (celui de l'apocalypse *vs* celui du progrès), se nourrissent mutuellement par un effet « épouvantail » et ont en commun la phobie du débat posé et respectueux, ce qui a pour effet de renforcer l'attitude de déni collectif décomplexé qui caractérise si bien notre époque.

Naissance de la « collapsologie »

Malgré la grande qualité de certaines réflexions philosophiques[5] abordant ce sujet, le débat sur l'effondrement (ou « la fin *d'un* monde ») pèche par l'absence d'arguments factuels. On reste sur le terrain de l'imaginaire ou de la philosophie, c'est-à-dire essentiellement « hors-sol ». Les livres traitant d'effondrement sont en général cloisonnés à un angle de vue ou une discipline (archéologie, économie, écologie, etc.) et ceux qui ont une intention systémique sont lacunaires. *Effondrement,* par exemple, le best-seller de Jared Diamond[6], se contente d'archéologie, d'écologie et de biogéographie des civilisations anciennes et n'aborde pas certaines questions essentielles de la situation actuelle. Quant aux autres livres à succès, ils traitent habituellement la question par la posture survivaliste (comment fabriquer son arc et ses flèches ou obtenir de l'eau potable dans un monde à feu et à sang) en stimulant chez le lecteur le même frisson que celui qu'il ressent à la vue d'un film de zombies.

Il manque non seulement un véritable état des lieux – ou mieux, une analyse systémique – de la situation économique et biophysique de la planète, mais surtout une vue d'ensemble de ce à quoi pourrait ressembler un effondrement, de comment il pourrait se déclencher et de ce qu'il impliquerait en termes psychologiques, sociologiques et politiques *pour les générations présentes.* Il manque une véritable science appliquée et transdisciplinaire de l'effondrement.

Nous proposons ici de rassembler, à partir de nombreux travaux épars publiés à travers le monde, les bases de ce que nous nommons, avec une certaine autodérision, la « collapsologie » (du latin *collapsus,* « qui est tombé en un seul bloc »). Le but n'est pas de nourrir le simple plaisir scientifique d'accumulation des connaissances, mais plutôt de nous éclairer sur ce qui nous arrive et qui pourrait nous arriver, c'est-à-dire de donner un sens aux événements. C'est aussi et surtout une manière de traiter le sujet avec le plus de sérieux possible pour pouvoir discuter sereinement des politiques à mettre en place dans une telle perspective.

Les questions qui émergent à la seule allusion du mot « effondrement » sont nombreuses. Que savons-nous de l'état global de notre Terre ? De l'état de notre civilisation ? Un effondrement des cours de la Bourse est-il comparable à un effondrement de la biodiversité ? La conjonction et la pérennisation des « crises » peuvent-elles réellement entraîner notre civilisation dans un tourbillon irréversible ? Jusqu'où tout cela peut-il aller ? En combien de temps ? Pourra-t-on maintenir le geste démocratique ? Est-il possible de vivre un effondrement « civilisé », plus ou moins pacifiquement ? L'issue sera-t-elle forcément malheureuse ?

Plonger au cœur de ce mot, comprendre ses subtilités et ses nuances, discerner les faits des fantasmes, est l'un des objectifs de la collapsologie. Il est urgent d'éclater cette notion et de la conjuguer à différents temps, de lui donner de la texture, des détails, des nuances, bref d'en faire un concept vivant et opérationnel. Qu'il s'agisse de la civilisation maya, de l'Empire romain ou plus récemment de l'URSS, l'histoire nous montre qu'il existe divers degrés d'effondrement, et que, même s'il y a des constantes, chaque cas est unique.

De plus, le monde n'est pas uniforme. La question des « relations Nord-Sud » sera à reconsidérer sous un nouvel angle. Un Américain moyen consomme beaucoup plus de ressources et d'énergie qu'un Africain moyen. Pourtant, les conséquences du réchauffement climatique seront bien pires dans les pays proches de l'équateur, ceux précisément qui ont le moins contribué aux émissions de gaz à effet de serre... Il apparaît évident que la temporalité et la géographie d'un effondrement ne seront respectivement ni linéaire ni homogène.

Vous ne tenez donc pas dans les mains un livre destiné à faire peur. Nous ne traiterons pas d'eschatologie millénariste ni des possibles événements astrophysiques ou tectoniques qui pourraient déclencher une grande extinction de masse des espèces, comme la Terre l'a vécue il y a 65 millions d'années. Nous avons assez à traiter avec ce que les humains savent faire tout seuls. Ce n'est pas non plus un livre pessimiste qui ne croit pas en l'avenir, pas plus qu'un livre « positif » qui minimise le problème en donnant des « solutions » au dernier chapitre. C'est un livre qui tente d'exposer lucidement les faits, de poser des questions pertinentes, et de rassembler une boîte à outils qui permette d'appréhender le sujet autrement que par les films catastrophe hollywoodiens, le calendrier maya ou la « techno-béatitude ». Nous ne présentons pas seulement un *best of* des mauvaises nouvelles du siècle, nous proposons surtout un cadre théorique pour entendre, comprendre et accueillir toutes les petites initiatives qui vivent déjà dans le monde « post-carbone » et qui émergent à une vitesse folle.

Attention, sujet sensible

Toutefois, la seule rationalité n'est pas suffisante pour traiter un tel sujet. Voilà quelques années déjà que nous nous y intéressons, et notre expérience – en particulier les rencontres avec le public – nous a appris que les chiffres, à eux seuls, ne sont pas capables de prendre la mesure des choses. Il faut certainement y ajouter de l'intuition, des émotions et une certaine éthique. La collapsologie n'est donc pas une science neutre et détachée de son objet d'étude. Les « collapsologues » sont directement concernés par ce qu'ils étudient. Ils ne peuvent plus rester neutres. Ils ne *doivent* pas le rester !

Prendre un tel chemin ne laisse pas indemne. Le sujet de l'effondrement est un sujet toxique qui vous atteint au plus profond de votre être. C'est un énorme choc qui dézingue les rêves. Au cours de ces années de recherches, nous avons été submergés par des vagues d'anxiété, de colère et de profonde tristesse, avant de ressentir, très progressivement, une certaine acceptation, et même, parfois, de l'espoir et de la joie. En lisant des ouvrages sur la transition, comme le fameux manuel de Rob Hopkins[7], nous avons pu relier ces émotions aux étapes d'un deuil. Un deuil *d'une vision* de l'avenir. En effet, commencer à comprendre puis à croire en la possibilité d'un effondrement revient finalement à renoncer à l'avenir que nous nous étions imaginé. C'est donc se voir amputés d'espoirs, de rêves et d'attentes que nous avions forgés pour nous depuis la plus tendre enfance, ou que nous avions pour nos enfants. Accepter la possibilité d'un effondrement, c'est accepter de voir mourir un avenir qui nous était cher et qui nous rassurait, aussi irrationnel soit-il. Quel arrachement !

Nous avons également fait la désagréable expérience de voir la colère d'un proche se projeter et se cristalliser sur nous. C'est un phénomène bien connu : pour faire disparaître la mauvaise nouvelle, on préfère tuer le messager, les Cassandre et les lanceurs d'alerte. Mais outre le fait que cela ne résout pas le problème de l'effondrement, nous prévenons dès à présent le lecteur que nous ne sommes pas très friands d'une telle issue... Discutons d'effondrement, mais calmement. Certes, la possibilité d'un effondrement ferme des avenirs qui nous sont chers, et c'est violent, mais il en ouvre une infinité d'autres, dont certains étonnamment rieurs. Tout l'enjeu est donc d'apprivoiser ces nouveaux avenirs, et de les rendre vivables.

Dans nos premières interventions publiques, nous prenions soin de n'aborder que les chiffres et les faits, pour rester les plus objectifs possibles. Chaque fois, les émotions du public nous surprenaient. Plus les faits étaient clairement exposés, plus les émotions étaient fortes. Nous pensions parler à la tête et nous touchions le cœur : tristesse, pleurs, angoisses, ressentiment ou effusions de colère émanaient fréquemment du public. Notre discours mettait des mots sur des intuitions que beaucoup de gens avaient déjà, et il touchait profond. En retour, ces réactions faisaient écho à nos propres sentiments, que nous avions tenté d'occulter. Après les conférences, les élans de gratitude et d'enthousiasme furent plus nombreux et surtout plus puissants. Cela nous a convaincus non seulement qu'il fallait ajouter à notre discours froid et objectif la chaleur de la subjectivité – en laissant une place importante aux émotions dans ce chantier –, mais aussi que nous avions beaucoup à apprendre des découvertes des sciences du comportement sur le déni, le deuil, le *storytelling* ou tout autre thème qui pouvait lier psyché et effondrement.

Un fossé s'est parfois creusé entre nous et des proches qui conservaient – et défendaient ! – cet imaginaire de continuité et de progrès linéaire. Au fil des ans, nous nous sommes clairement éloignés de la doxa, c'est-à-dire de l'opinion générale qui donne un sens commun aux nouvelles du monde. Faites l'expérience : écoutez les informations avec cette perspective, et vous verrez, cela n'a rien à voir ! C'est une sensation étrange que de faire partie de ce monde (plus que jamais !), mais d'être coupé de l'image dominante que les autres s'en font... Cela nous questionne souvent sur la pertinence de nos travaux. Serions-nous devenus fous ou sectaires ? Pas forcément. Car d'une part le dialogue est toujours possible et, de l'autre, on ne peut ignorer le fait que nous sommes loin d'être seuls, le nombre de collapsologues (dont, étrangement, de nombreux ingénieurs et chercheurs) et de personnes sensibilisées à cette thématique s'agrandit, comme un mouvement qui prend conscience de lui-même, un réseau qui se connecte et se densifie. Dans de nombreux pays, des experts économiques, scientifiques et militaires, ainsi que certains mouvements politiques (décroissance, transition, Alternatiba, etc.) n'hésitent plus à aborder explicitement des scénarios d'effondrement. La blogosphère mondiale, quoique principalement anglophone, est très active. En France, l'institut Momentum[8] a fait un travail pionnier dans cette direction, et nous lui devons beaucoup. Il est désormais difficile d'ignorer l'effondrement qui vient.

Dans la première partie de ce livre, nous aborderons les faits : qu'est-il en train d'arriver à nos sociétés et au système-Terre ? Sommes-nous réellement au bord du gouffre ? Quelles en sont les preuves les plus convaincantes ? Nous verrons que c'est la convergence de toutes les « crises » qui permet d'envisager une telle trajectoire. Cependant, un effondrement global n'a pas encore eu lieu (en tout cas pas en Europe du Nord, car la Grèce et l'Espagne en sont peut-être des exemples d'amorce). Il nous faut donc aborder le sujet périlleux de la futurologie. Ainsi, dans une deuxième partie, nous tenterons de réunir des indices qui nous permettent d'envisager cet avenir. Enfin, la troisième partie sera une invitation à donner une épaisseur concrète à cette notion d'effondrement. Pourquoi n'y croit-on pas ? Que nous apprennent les civilisations anciennes ? Comment fait-on pour « vivre avec » ? Comment réagirons-nous en tant que corps social si ce processus dure des dizaines d'années ? Quelles politiques envisager, non pas pour éviter cette éventualité, mais pour la traverser le plus « humainement » possible ? Peut-on s'effondrer en étant conscient de ce qui se passe ? Est-ce si grave ?

Première partie

PRÉMICES D'UN EFFONDREMENT

1.
L'ACCÉLÉRATION DU VÉHICULE

Prenons la métaphore de la voiture. Au début de l'ère industrielle, elle apparaît. Quelques pays seulement montent dedans, démarrent, puis sont rejoints par d'autres tout au long du siècle. L'ensemble de ces pays embarqués, que nous appellerons la civilisation industrielle, a pris une trajectoire bien particulière, que nous décrivons dans ce chapitre. Après un démarrage lent et progressif, la voiture prend de la vitesse à la fin de la Seconde Guerre mondiale, et entame une ascension époustouflante appelée « la grande accélération[9] ». Aujourd'hui, après quelques signes de surchauffe et de toussotement du moteur, l'aiguille de la vitesse se met à vaciller. Va-t-elle continuer à grimper ? Va-t-elle se stabiliser ? Va-t-elle redescendre ?

Un monde d'exponentielles

Nous avons beau l'avoir vu à l'école, nous ne sommes pas habitués à nous représenter une croissance exponentielle. Bien sûr, on voit une courbe qui part vers le haut, une croissance. Mais quelle croissance ! Alors que l'esprit humain s'imagine aisément une croissance arithmétique, par exemple un cheveu qui grandit d'un centimètre par mois, il peine à se représenter une exponentielle.

Si vous pliez en deux un grand morceau de tissu, après quatre pliages, son épaisseur mesurera environ 1 cm. Si vous pouviez le plier en deux encore 29 fois, l'épaisseur atteindrait 5 400 km, soit la distance Paris-Dubaï ! Quelques pliages de plus suffiraient à dépasser la distance Terre-Lune. Un PIB (par exemple celui de la Chine) qui croît de 7 % par an, représente une activité économique qui double tous les 10 ans, donc qui quadruple en 20 ans. Après 50 ans, nous avons affaire à un volume de 32 économies chinoises, soit, aux valeurs actuelles, l'équivalent de près de quatre économies mondiales supplémentaires ! Croyez-vous sincèrement que cela soit possible dans l'état actuel de notre planète ?

Les exemples ne manquent pas pour décrire l'incroyable comportement de la courbe exponentielle, de l'équation du nénuphar chère à Albert Jacquard[10], à l'échiquier dont on remplirait chaque case avec un nombre de grains de riz multiplié par deux[11], tous montrent que cette dynamique est très surprenante, voire contre-intuitive : lorsque les effets de cette croissance deviennent visibles, il est souvent trop tard.

En mathématiques, une fonction exponentielle monte jusqu'au ciel. Dans le monde réel, sur Terre, il y a un plafond bien avant. En écologie, ce plafond est appelé *la capacité de charge* d'un écosystème (notée K). Il y a en général trois manières pour un système de réagir à une exponentielle (voir *figure 1*). Prenons l'exemple classique d'une population de lapins qui croît sur une prairie. Soit la population se stabilise doucement avant le plafond (elle ne croît donc plus, mais trouve un équilibre avec le milieu) (*figure 1A*), soit la population dépasse le seuil maximal que peut supporter la prairie puis se stabilise dans une oscillation qui dégrade légèrement la prairie (*figure 1B*), soit elle transperce le plafond et continue d'accélérer (*overshooting*), ce qui mène à un effondrement de la prairie, suivi de la population de lapins (*figure 1C*)[12].

Ces trois schémas théoriques peuvent servir à illustrer trois époques. En effet, le premier schéma correspond typiquement à l'écologie politique des années 1970 : on avait encore le temps et la possibilité d'emprunter une trajectoire de « développement durable » (ce que les anglophones appellent une « *steady-state economy* »). Le deuxième représente l'écologie des années 1990, époque où, grâce au concept d'empreinte écologique, nous nous sommes rendu compte que la capacité de charge *globale* de la Terre était dépassée[13]. Depuis cette époque, chaque année, l'humanité dans son ensemble « consomme plus qu'une planète » et les écosystèmes se dégradent. Le dernier schéma représente l'écologie des années 2010 : depuis 20 ans, nous avons continué à accélérer *en toute connaissance de cause*, détruisant à un rythme encore plus soutenu le système-Terre, celui qui nous accueille et nous supporte. Quoi qu'en disent les optimistes, l'époque que nous vivons est clairement marquée par le spectre d'un effondrement.

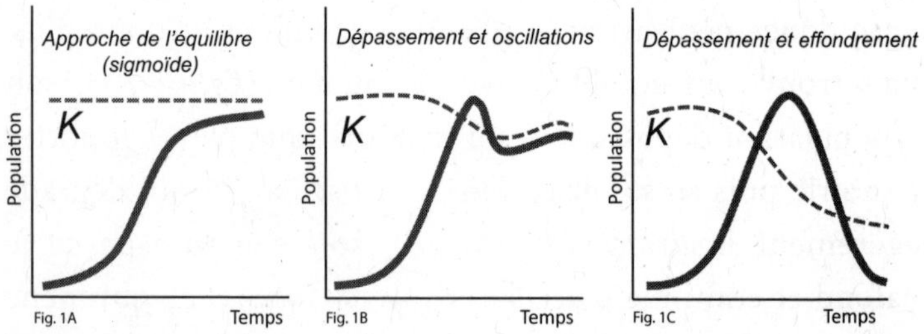

Figure 1 - Réaction d'un système vivant à une croissance exponentielle (la courbe continue représente une population et la courbe en pointillé représente la capacité de charge du milieu)
(Source : d'après Meadows *et al.*, 2004[14].)

L'accélération totale

Il convient désormais de se rendre compte que de nombreux paramètres de nos sociétés et de notre impact sur la planète montrent une allure exponentielle : la population, le PIB, la consommation d'eau et d'énergie, l'utilisation de fertilisants, la production de moteurs ou de téléphones, le tourisme, la concentration atmosphérique en gaz à effet de serre, le nombre d'inondations, les dégâts causés aux écosystèmes, la destruction des forêts, le taux d'extinction des espèces, etc. La liste est sans fin. Ce « tableau de bord[15] » (voir *figure 2*), très connu parmi les scientifiques, est presque devenu le logo de la nouvelle époque géologique appelée Anthropocène, une époque où les humains sont devenus une force qui bouleverse les grands cycles biogéochimiques du système-Terre.

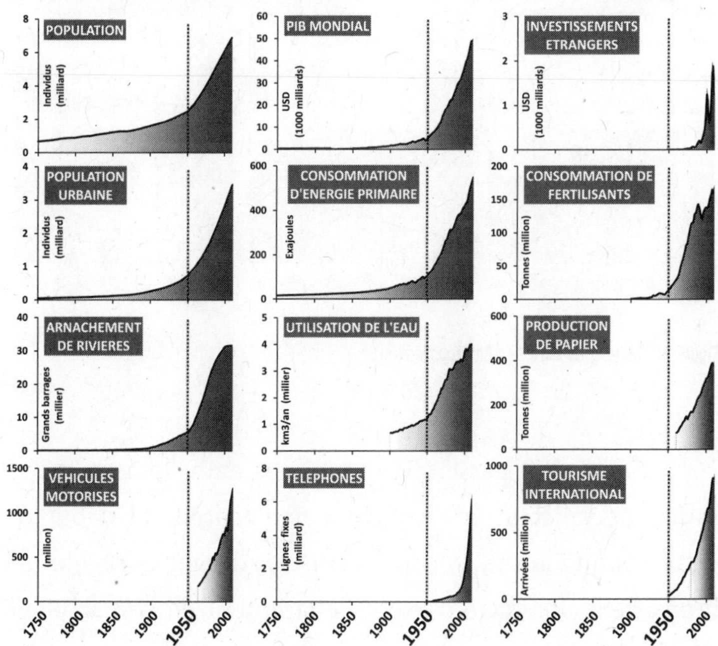

TENDANCES DU SYSTÈME-TERRE

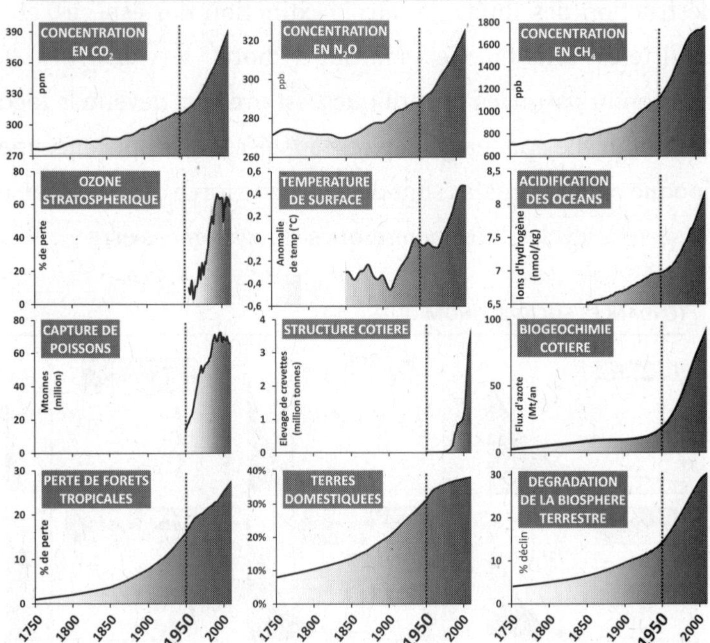

Figure 2 - Tableau de bord de l'Anthropocène

(Source : d'après W. Steffen *et al.*, « The trajectory of the Anthropocene : The Great Acceleration », *The Anthropocene Review*, 2015, p. 1-18.)

Que s'est-il passé ? Pourquoi cet emballement ? Certains spécialistes de l'Anthropocène datent le début de cette époque au milieu du XIXe siècle, durant la révolution industrielle, lorsque l'usage du charbon et de la machine à vapeur s'est généralisé, a donné lieu au boom ferroviaire des années 1840, et qui a été suivi par la découverte des premiers gisements de pétrole. Déjà en 1907, le philosophe Henri Bergson, avec une incroyable clairvoyance, écrivait :

> Un siècle a passé depuis l'invention de la machine à vapeur, et nous commençons à peine à ressentir la secousse profonde qu'elle nous a donnée. La révolution qu'elle a opérée dans l'industrie n'en a pas moins bouleversé les relations entre les hommes. Des idées nouvelles se lèvent. Des sentiments nouveaux sont en voie d'éclore. Dans des milliers d'années, quand le recul du passé n'en laissera plus apercevoir que les grandes lignes, nos guerres, nos révolutions compteront pour peu de chose, à supposer qu'on s'en souvienne encore ; mais de la machine à vapeur, avec les inventions de tout genre qui lui font cortège, on parlera peut-être comme nous parlons du bronze ou de la pierre éclatée ; elle servira à définir un âge[16].

L'âge de la machine thermique et des technosciences a remplacé celui des sociétés agraires et artisanales. L'apparition du transport rapide et bon marché a ouvert les routes commerciales et effacé les distances. Dans le monde industrialisé, les cadences infernales de l'automatisation des chaînes de production se sont généralisées et, progressivement, les niveaux de confort matériel ont *globalement* augmenté. Les progrès décisifs en matière d'hygiène publique, d'alimentation et de médecine ont augmenté la durée de vie et réduit considérablement les taux de mortalité. La population mondiale, qui doublait environ tous les 1 000 ans pendant les huit derniers millénaires, s'est mise à doubler en un siècle seulement ! De 1 milliard d'individus en 1830, nous sommes passés à 2 milliards en 1930. Puis, c'est l'accélération : il ne faut que 40 ans pour que la population double une fois de plus. Quatre milliards en 1970. Sept milliards aujourd'hui. En l'espace d'une vie, une personne née dans les années 1930 a donc vu la population passer de 2 milliards à 7 milliards ! Au cours du XXe siècle, la consommation d'énergie a été multipliée par 10, l'extraction de minéraux industriels par 27 et celle de matériaux de construction par 34[17]. L'échelle et la vitesse des changements que nous provoquons sont sans précédent dans l'histoire.

Cette grande accélération se constate aussi au niveau social. Le philosophe et sociologue allemand Hartmut Rosa décrit trois dimensions de cette accélération sociale[18]. La première est l'accélération technique : « l'augmentation des vitesses de déplacement et de communication est par ailleurs à l'origine de l'expérience si caractéristique des temps modernes du "rétrécissement de l'espace" : les distances spatiales semblent en effet se raccourcir à mesure que leur traversée devient plus rapide et plus simple[19] ». La deuxième est l'accélération du changement social, c'est-à-dire que nos habitudes, nos schémas relationnels se transforment de plus en plus rapidement. Par exemple, « le fait que nos voisins emménagent puis repartent de plus en plus fréquemment, que nos partenaires (de tranches) de vie, de même que nos emplois ont une "demi-vie" de plus en plus courte, et que les modes vestimentaires, modèles de voiture et styles de musique se succèdent à vitesse croissante ». Nous assistons à un véritable « rétrécissement du présent ». Troisième accélération, celle du rythme de nos vies, car en réaction à l'accélération technique et sociale, nous essayons de vivre plus vite. Nous remplissons plus efficacement notre emploi du temps, évitons de « perdre » ce précieux temps, et bizarrement, tout ce que nous devons (et voulons) faire semble s'accroître indéfiniment. « Le "manque de temps" aigu est devenu un état permanent des sociétés modernes[20]. » Résultat ? Fuite du bonheur, burn-out et dépressions en masse. Et comble du progrès, cette accélération sociale que nous fabriquons/subissons sans relâche n'a même plus l'ambition d'améliorer notre niveau de vie, elle sert juste à maintenir le statu quo.

Où sont les limites ?

La grande question de notre époque est donc de savoir où se trouve le plafond[21]. Avons-nous les capacités de continuer à accélérer ? Y a-t-il une limite (ou plusieurs) à notre croissance exponentielle ? Et si oui, combien de temps nous reste-t-il avant un effondrement ?

Simple, voire simpliste, la métaphore de la voiture a le mérite de distinguer clairement les différents « problèmes » (appelons-les « crises ») auxquels nous sommes confrontés. Elle suggère qu'il existe deux types de limites, ou plus précisément, qu'il existe des limites (*limits*) et des frontières (*boundaries*). Les premières sont infranchissables car elles butent sur les lois de la thermodynamique : c'est le problème du réservoir d'essence. Les deuxièmes sont franchissables mais elles n'en sont pas moins sournoises, car invisibles, et on ne se rend compte qu'on les franchit que lorsqu'il est trop tard. C'est le problème de la vitesse et de la tenue de route du véhicule.

Les *limites* de notre civilisation sont imposées par les quantités de ressources dites « stock », par définition non-renouvelables (énergies fossiles et minerais), et les ressources « flux » (eau, bois, aliments, etc.) qui sont renouvelables mais que nous épuisons à un rythme bien trop soutenu pour qu'elles aient le temps de se régénérer. Le moteur a beau être toujours plus performant, il arrive un moment où il ne peut plus fonctionner, faute de carburant (voir chapitre 2).

Les *frontières* de notre civilisation représentent des seuils à ne pas franchir sous peine de déstabiliser et de détruire les systèmes qui maintiennent notre civilisation en vie : le climat, les grands cycles du système-Terre, les écosystèmes – ce qui inclut tous les êtres vivants non-humains –, etc. Une vitesse trop élevée du véhicule ne permet plus de percevoir les détails de la route et augmente les risques d'accident (voir chapitre 3). Nous tenterons de voir ce qui se passe lorsque, sans prévenir, la voiture quitte la piste balisée et entre dans un monde incertain et périlleux.

Ces crises sont de natures profondément différentes,

mais ont toutes un même dénominateur commun : l'accélération de la voiture. De plus, chacune des limites et des frontières est *à elle seule* capable de sérieusement déstabiliser la civilisation. Le problème, dans notre cas, est que nous nous heurtons *simultanément* à plusieurs limites et que nous avons déjà dépassé plusieurs frontières !

Quant à la voiture en elle-même, elle s'est bien sûr perfectionnée au fil des décennies. Elle est devenue bien plus spacieuse, moderne et confortable, mais à quel prix ! Non seulement il est impossible de ralentir ou de tourner – la pédale d'accélérateur est fixée au plancher et la direction s'est bloquée (voir chapitre 4) –, mais, plus gênant, l'habitacle est devenu extrêmement fragile (voir chapitre 5).

La voiture, c'est notre société, notre civilisation thermo-industrielle. Nous sommes embarqués dedans, GPS programmé sur une destination ensoleillée. Aucune pause n'est prévue. Assis confortablement dans l'habitacle, nous oublions la vitesse, nous ignorons les êtres vivants écrasés au passage, l'énergie faramineuse qui est dépensée et la quantité de gaz d'échappement que nous laissons derrière nous. Vous le savez bien, une fois sur l'autoroute, seules comptent l'heure d'arrivée, la température de la clim et la qualité de l'émission de radio...

2.
L'EXTINCTION DU MOTEUR (LES LIMITES INFRANCHISSABLES)

Commençons par l'énergie. On la considère souvent comme une question technique secondaire, après les priorités que sont l'emploi, l'économie ou la démocratie. Or, l'énergie est le cœur de toute civilisation, et particulièrement la nôtre, industrielle et consumériste. On peut parfois manquer de créativité, de pouvoir d'achat ou de capacité d'investissement, mais on ne peut pas manquer d'énergie. C'est un principe physique : sans énergie, il n'y a pas de mouvement. Sans énergies fossiles, c'en est fini de la mondialisation, de l'industrie et de l'activité économique telles que nous les connaissons.

Au cours du dernier siècle, le pétrole s'est imposé comme le carburant principal pour nos transports modernes, donc le commerce mondial, la construction et la maintenance des infrastructures, l'extraction des ressources minières, l'exploitation forestière, la pêche et l'agriculture. Avec une densité énergétique exceptionnelle, facile à transporter et à stocker, d'utilisation simple, il assure 95 % des transports.

Une société qui a pris la voie de l'exponentielle a besoin que la production et la consommation d'énergie suivent cette même voie. Autrement dit, pour maintenir notre civilisation en état de marche, il faut sans cesse *augmenter* notre consommation et notre production d'énergie. Or, nous arrivons à un pic.

Un pic désigne le moment où le débit d'extraction d'une ressource atteint un plafond avant de décliner inexorablement. C'est bien plus qu'une théorie, c'est une sorte de principe géologique : au début, les ressources extractibles sont faciles d'accès, la production explose, puis stagne et enfin décline lorsqu'il ne reste plus que les matières difficiles d'accès, décrivant ainsi une courbe en cloche (voir *figure 3*). Le haut de la courbe, le moment du pic, ne signifie pas un épuisement de la ressource, mais plutôt le début du déclin. On utilise classiquement cette notion pour les ressources extractibles, comme les combustibles fossiles ou les minerais (phosphore, uranium, métaux, etc.), mais on peut aussi l'appliquer (parfois abusivement) à d'autres aspects de la société, comme à la population ou au PIB, dans la mesure où ces paramètres sont fortement corrélés à l'extraction des ressources.

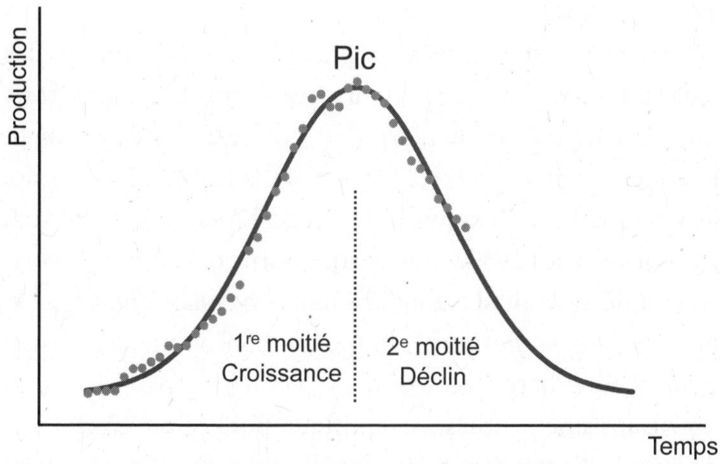

Figure 3 - Le concept de « pic » a été présenté par le géophysicien Marion King Hubbert en 1956 pour la production de pétrole conventionnel aux États-Unis. Les pointillés gris qui suivent la courbe représentent la production de pétrole norvégienne qui a atteint son pic en 2001
(Source des données : *BP Stat. Review*, 2013.)

En haut du pic, la descente énergétique ?

Or, nous sommes arrivés en haut de la courbe de production de pétrole conventionnel. De l'aveu même de l'Agence internationale de l'énergie, réputée pour son optimisme en matière de réserves pétrolières, le pic mondial de pétrole conventionnel, soit 80 % de la production pétrolière, a été franchi en 2006[22]. Nous nous trouvons depuis lors sur un « plateau ondulant ». Passé ce plateau, la production mondiale de pétrole commencera à décliner[23].

Selon les statistiques les plus récentes[24], la moitié des vingt premiers pays producteurs, représentant plus des trois quarts de la production pétrolière mondiale, ont déjà franchi leur pic, parmi lesquels les États-Unis, la Russie, l'Iran, l'Iraq, le Venezuela, le Mexique, la Norvège, l'Algérie et la Libye[25]. Dans les années 1960, pour chaque baril consommé, l'industrie en découvrait six. Aujourd'hui, *avec une technologie de plus en plus performante,* le monde consomme sept barils pour chaque baril découvert.

Dans une synthèse scientifique publiée en 2012[26], des chercheurs britanniques concluent que « plus des deux tiers de la capacité actuelle de production de pétrole brut devra être remplacée d'ici à 2030, simplement pour maintenir la production constante. Compte tenu de la baisse à long terme des nouvelles découvertes, ce sera un défi majeur, même si les conditions [politiques et socio-économiques] s'avèrent favorables ». Ainsi, d'ici une quinzaine d'années, *pour se maintenir,* l'industrie devra donc trouver un flux de 60 millions de barils/jour, soit l'équivalent de la capacité journalière de six Arabie Saoudite !

Les connaissances sur l'état des réserves se précisent, et un nombre croissant de multinationales, de gouvernements, d'experts et d'organisations internationales deviennent pessimistes quant à l'avenir de la production. Les auteurs de la précédente étude concluent : « une baisse soutenue de la production mondiale de pétrole conventionnel semble probable avant 2030 et il existe un risque important que cela débute avant 2020[27] », un constat que partagent des rapports financés par le gouvernement anglais[28], et les armées américaine[29] et allemande[30]. En bref, un consensus est en train de naître sur le fait que l'ère du pétrole facilement accessible est révolue et que nous entrons dans une nouvelle époque[31].

La situation pétrolière est si tendue que de nombreux dirigeants d'entreprise tirent la sonnette d'alarme. En Grande-Bretagne, un consortium de grandes entreprises, l'ITPOES (The UK Industry Task Force on Peak Oil and Energy Security), écrivait dans son rapport de février 2010 : « Comme nous atteignons des taux maximaux d'extraction [...], nous devons être capables de planifier nos activités dans un monde où les prix du pétrole sont susceptibles d'être à la fois élevés et plus instables et où les chocs des prix du pétrole ont le potentiel de déstabiliser l'activité économique, politique et sociale[32]. »

Pour certains observateurs plus optimistes, au contraire, les estimations concluant à un « pic » seraient basées sur des quantités maximales extractibles bien trop alarmistes. Un groupe de chercheurs s'est donc penché sur cette controverse en comparant un éventail de scénarios allant des plus optimistes aux plus pessimistes. Résultat, seuls les scénarios considérés comme pessimistes collent aux données réelles observées sur les onze dernières années[33]. L'étude confirmait ainsi l'entrée en déclin irréversible de la production mondiale de pétrole conventionnel.

Soit, mais qu'en est-il des nouveaux gisements, en particulier ceux que l'on appelle les pétroles non-conventionnels c'est-à-dire les hydrocarbures lourds et/ou coincés en grande profondeur entre le sable, le goudron, et les roches de la croûte terrestre ? Les plates-formes *offshore* dans les profondeurs des côtes brésiliennes et arctiques, les sables bitumineux du Canada et les gaz et pétroles de schiste ne vont-ils pas progressivement remplacer le brut conventionnel ?

Non. Et les faits sont accablants. En ce qui concerne le pétrole et gaz de schiste, passons rapidement sur le fait que les techniques d'extraction menacent l'environnement et la santé des riverains[34], provoquent des microtremblements de terre[35], des fuites de méthane[36] et de matières radioactives[37], consomment énormément d'énergie[38] (nous y reviendrons), de sable et d'eau douce[39] et contaminent les nappes phréatiques[40].

En fait, les entreprises de forage présentent surtout des bilans financiers désastreux. Selon un rapport de l'administration américaine de l'énergie, la trésorerie combinée de 127 compagnies qui exploitent le pétrole et le gaz de schiste américain a accusé un déficit de 106 milliards pour l'année fiscale 2013-2014[41], déficit qu'elles se sont empressées de combler par l'ouverture de nouvelles lignes de crédit. Mais pour attirer plus d'investissements et présenter un résultat positif aux analystes financiers, elles ont dû vendre pour

73 milliards d'actifs ! Résultat : des dettes qui explosent et une capacité de plus en plus faible à générer les revenus nécessaires pour rembourser les dettes[42].

Une étude commanditée par le gouvernement britannique prévient : « Une plus grande dépendance aux ressources utilisant la fracturation hydraulique aggravera la tendance à l'augmentation des taux de déclin moyens, puisque les puits n'ont pas de plateau et déclinent extrêmement rapidement, parfois de 90 % ou plus durant les cinq premières années[43]. » D'autres avancent le chiffre de 60 % de déclin de production rien que pour la première année[44]. Ainsi, pour éviter la faillite, les compagnies doivent forer toujours plus de puits et engager toujours plus de dettes, à la fois pour compenser le déclin des puits déjà exploités et pour continuer à augmenter leurs productions qui serviront à rembourser leurs dettes croissantes. Une course contre la montre dont on connaît déjà l'issue…

C'est cette petite bulle que de nombreuses personnes n'ont pas vue (ou n'ont pas voulu voir) en claironnant que ces énergies fossiles non-conventionnelles permettraient aux États-Unis de retrouver une certaine indépendance énergétique[45]. En voulant gonfler artificiellement la croissance et la compétitivité des États-Unis, la banque centrale américaine (la FED) a permis aux compagnies pétrolières d'emprunter à des taux d'intérêt extrêmement bas, fabriquant ainsi une bombe à retardement : la moindre remontée des taux d'intérêt placerait les compagnies les plus fragiles au bord de la faillite. Le problème est sensiblement le même pour les gaz de schiste[46]. Selon l'administration Obama, cet édifice ne tiendra que quelques années après avoir atteint son plafond en 2016[47].

Des estimations – très optimistes – de l'Agence internationale de l'énergie indiquent que les sables bitumineux du Canada ou du Venezuela fourniront 5 millions de barils par jour en 2030, ce qui représente moins de 6 % de la production totale de carburant à cette date (en projection)[48]. Impossible, donc, *dans le meilleur des cas*, de compenser le déclin du conventionnel de cette manière.

Et l'Arctique ? Les risques pour l'environnement[49] et les investisseurs[50] sont beaucoup trop importants. Des grandes *majors* se sont retirées de la course *alors même que le prix du baril était élevé*, comme Shell qui a suspendu ses explorations en 2013[51] ou Total qui a fait de même en prenant soin d'avertir l'ensemble des acteurs de la filière des dangers potentiels[52].

Les biocarburants ne sont pas beaucoup plus « rassurants ». Leur contribution prévoit d'être limitée à 5 % de l'offre en carburants pour les 10 à 15 prochaines années[53], sans compter que certains d'entre eux menacent dangereusement la sécurité alimentaire de nombreux pays[54].

Imaginer qu'une électrification du système de transport pourra remplacer le pétrole n'est guère réaliste. Les réseaux électriques, les batteries, les pièces de rechange sont fabriqués à partir de métaux et matériaux rares (et ils s'épuisent), et tout le système électrique consomme des énergies fossiles : il en faut pour le transport des pièces de rechange, des travailleurs et des matériaux, pour la construction et la maintenance des centrales, et pour l'extraction des minerais. Sans pétrole, le système électrique actuel, y compris le nucléaire, s'effondrerait.

En fait, il est inimaginable de remplacer le pétrole par les autres combustibles que nous connaissons bien. D'une part parce que ni le gaz naturel, ni le charbon, ni le bois, ni l'uranium ne possèdent les qualités exceptionnelles du pétrole, facilement transportable et très dense en énergie. D'autre part parce que ces énergies s'épuiseraient en un rien de temps, à la fois parce que la date de leur pic approche[55], et surtout parce que la plupart des machines et des infrastructures nécessaires à leur exploitation fonctionnent au pétrole. Le déclin du pétrole entraînera donc le déclin de toutes les autres énergies. Il est donc dangereux de sous-estimer l'ampleur de la tâche à accomplir pour compenser le déclin du pétrole conventionnel.

Mais ce n'est pas tout. Les principaux minerais et métaux empruntent la même voie que l'énergie, celle du pic[56]. Une étude récente a évalué la rareté de 88 ressources non-renouvelables et la probabilité qu'elles se trouvent en situation de pénurie permanente avant 2030[57]. Parmi les probabilités élevées, on retrouve l'argent, indispensable à la fabrication des éoliennes, l'indium composant incontournable pour certaines cellules photovoltaïques, ou le lithium que l'on retrouve dans les batteries. Et l'étude de conclure : « ces pénuries auront un impact dévastateur sur notre mode de vie ». Dans la même veine, on voit apparaître ces derniers mois des estimations du pic du phosphore[58] (indispensable engrais de l'agriculture industrielle), des pêcheries[59] ou même de l'eau potable[60]. Et la liste pourrait aisément s'allonger. Comme l'explique le spécialiste des ressources minérales Philippe Bihouix dans *L'Âge des low tech*, « nous pourrions nous permettre des tensions sur l'une ou l'autre des ressources, énergie ou métaux. Mais le défi est que nous devons maintenant y faire face à peu près en même temps : [il n'y a] plus d'énergie nécessaire pour les métaux les moins concentrés, [il n'y a] plus de métaux nécessaires pour une énergie moins accessible[61] ». Nous approchons donc rapidement de ce que Richard Heinberg appelle le « pic de tout » (*peak everything*[62]). Souvenez-vous de la surprenante exponentielle : une fois les conséquences visibles, tout n'est qu'une question d'années, voire de mois.

En résumé, on peut s'attendre à un déclin imminent de la disponibilité en énergies fossiles et en matériaux qui alimentent la civilisation industrielle. Pour l'instant, aucune alternative ne semble à la hauteur de la déplétion à venir. Le fait que la production stagne au prix d'un effort croissant de prospection des majors du pétrole, avec des technologies de plus en plus performantes, est un signe qui ne trompe pas. Depuis 2000, les investissements consentis par l'industrie ont augmenté en moyenne de 10,9 % par an, soit dix fois plus rapidement que lors de la décennie précédente[63]. Le fait même que les sables bitumineux, le pétrole de schiste, les biocarburants, les panneaux solaires et les éoliennes soient aujourd'hui pris au sérieux par ces mêmes industries qui les dénigraient indique que nous sommes en train de changer d'époque. L'époque du pic.

Mais qu'y a-t-il une fois le pic passé ? Un déclin lent et graduel de la production d'énergies fossiles ? Possible, mais permettez-nous d'en douter, pour deux raisons. La première est qu'une fois passé le pic *de leurs propres gisements,* les pays producteurs de pétrole devront faire face à une consommation intérieure croissante. Or, s'ils décident – légitimement – de cesser d'exporter pour répondre à cette demande, ce sera au détriment des grands pays importateurs (dont la France), et cela pourrait déclencher des guerres d'accaparement qui perturberont les capacités de production des pays producteurs. Dans tous les cas, le déclin sera vraisemblablement plus rapide que prévu. La deuxième raison d'en douter, est que...

En haut du pic, il y a un mur !

Normalement, après avoir grimpé la courbe en cloche par un côté, il reste l'autre côté pour redescendre. En toute logique, il reste donc dans les sous-sols de la Terre encore la moitié du pétrole que nous avons découvert. Exact ! Et c'est un fait avéré : les quantités d'énergies fossiles stockées sous terre – et prouvées – sont encore gigantesques et d'autant plus importantes si on tient compte des hydrates de méthane que l'on pourrait imaginer exploiter suite à la fonte des pergélisols sibérien et canadien. Alors, bonne nouvelle ?

Ne nous réjouissons pas trop vite. D'abord, ce serait une catastrophe pour le climat (voir chapitre suivant). Ensuite, même si nous le voulions, nous n'arriverions jamais à extraire tout ce pétrole. La raison est simple, pour extraire du pétrole, il faut de l'énergie, beaucoup d'énergie : la prospection, les études de faisabilité, les machines, les puits, les pipe-lines, les routes, l'entretien et la sécurisation de toutes ces infrastructures, etc. Or, le bon sens veut que, dans une entreprise d'extraction, la quantité d'énergie que l'on récolte soit supérieure à l'énergie investie. Logique. Si on récolte moins que ce qu'on investit, cela ne vaut pas la peine de creuser. Ce rapport entre l'énergie produite et l'énergie investie s'appelle le *taux de retour énergétique* (TRE ou ERoEI en anglais pour *Energy Return on Energy Invested*).

C'est un point absolument crucial. Après un effort d'extraction, c'est *le surplus d'énergie* qui permet le développement d'une civilisation. Au début du XXe siècle, le pétrole étasunien avait un fantastique TRE de 100:1 (pour une unité d'énergie investie, on en récupérait 100). On creusait à peine, le pétrole giclait. En 1990, il n'était plus que de 35:1, et aujourd'hui, il est d'environ 11:1[64]. À titre de comparaison, le TRE moyen de la production mondiale de pétrole conventionnel se situe entre 10:1 et 20:1[65]. Aux

États-Unis, le TRE des sables bitumineux est compris entre 2:1 et 4:1, des agrocarburants entre 1:1 et 1,6:1 (10:1 dans le cas de l'éthanol fabriqué à base de sucre de canne), et du nucléaire entre 5:1 et 15:1[66]. Celui du charbon est d'environ 50:1 (en Chine, 27:1), du pétrole de schiste d'environ 5:1 et du gaz naturel d'environ 10:1[67]. Tous ces TRE sont non seulement en déclin, mais en déclin *qui s'accélère,* car il faut toujours creuser de plus en plus profond, aller de plus en plus loin en mer et utiliser des techniques et infrastructures de plus en plus coûteuses pour maintenir le niveau de production. Songez par exemple à l'énergie qu'il faudrait dépenser pour injecter des milliers de tonnes de CO_2 ou d'eau douce dans les gisements vieillissants, aux routes qu'il faudrait construire et aux kilomètres qu'il faudrait parcourir pour atteindre les zones reculées de Sibérie...

Le concept de TRE ne s'applique pas qu'aux énergies fossiles. Pour obtenir de l'énergie d'une éolienne par exemple, il faut d'abord dépenser de l'énergie pour rassembler tous les matériaux qui servent à leur fabrication, puis les fabriquer, les installer et les entretenir. Aux États-Unis, le solaire à concentration (les grands miroirs dans le désert) offrirait un rendement autour de 1,6:1. Le photovoltaïque en Espagne, autour de 2,5:1[68]. Quant à l'éolien, il afficherait un bilan à première vue plus encourageant d'environ 18:1[69]. Malheureusement, ces chiffres ne tiennent pas compte du caractère intermittent de ce type d'énergie et de la nécessité d'y adosser un système de stockage ou une centrale électrique thermique. Si on tient compte de cela, le TRE des éoliennes redescendrait à 3,8:1[70]. Seule l'hydroélectricité offrirait un rendement confortable situé entre 35:1 et 49:1. Mais outre le fait que ce type de production perturbe sérieusement les habitats naturels[71], une étude récente a montré que les 3 700 projets en cours ou planifiés dans le monde n'augmenteraient la production électrique mondiale que de 2 % (de 16 à 18 %)[72].

En résumé, les énergies renouvelables n'ont pas assez de puissance pour compenser le déclin des énergies fossiles, et il n'y a pas assez d'énergies fossiles (et de minerais) pour développer massivement les énergies renouvelables de façon à compenser le déclin annoncé des énergies fossiles. Comme le résume Gail Tverberg, actuaire et spécialiste de l'économie de l'énergie, « on nous dit que les renouvelables vont nous sauver, mais c'est un mensonge. L'éolien et le solaire photovoltaïque font autant partie de notre système basé sur les énergies fossiles que n'importe quelle autre source d'électricité[73] ».

Le problème est que nos sociétés modernes ont besoin d'un TRE minimal pour fournir l'ensemble des services actuellement offerts à la population[74]. Le principe de l'exploitation énergétique est grossièrement le suivant : nous allouons d'abord le surplus énergétique dont nous disposons aux tâches indispensables à notre survie, par exemple à la production alimentaire, à la construction de nos habitats et au chauffage de ceux-ci, à la confection de nos vêtements, ou au système sanitaire dans les villes. Ensuite, nous répartissons le solde restant au fonctionnement des systèmes de justice, de sécurité nationale, de défense, de sécurité sociale, de santé ou d'éducation. Enfin, s'il nous reste un surplus énergétique, nous l'utilisons pour nos divertissements (tourisme, cinéma, etc.).

Aujourd'hui, le TRE minimal pour fournir l'ensemble de ces services a été évalué dans une fourchette comprise entre 12:1 et 13:1[75]. En d'autres termes, il s'agit d'un seuil en deçà duquel il ne faut pas s'aventurer sous peine de devoir décider collectivement – et avec toutes les difficultés que cela implique – des services à conserver et de ceux auxquels il faudra renoncer[76]. Avec un TRE moyen en déclin pour les énergies fossiles, et un TRE ne dépassant pas 12:1 pour la majorité des énergies renouvelables, nous approchons dangereusement de ce seuil.

Bien sûr, toutes ces fourchettes de chiffres se discutent, et d'aucuns ne manqueront pas de le faire, mais le principe général l'est moins. L'idée à saisir est que nous sommes face à un mur thermodynamique qui s'approche *de plus en plus vite.* Aujourd'hui, chaque unité d'énergie est extraite à un coût environnemental, économique et énergétique toujours plus élevé.

Des indices économiques permettent également de visualiser ce mur. Deux équipes de recherche aux méthodes différentes ont récemment modélisé la relation complexe entre le TRE et le coût de production (prix par baril)[77]. Leurs conclusions sont identiques : lorsque le TRE du combustible fossile passe sous la barre de 10:1, les prix augmentent de manière non-linéaire, autrement dit de manière exponentielle (voir *figure 4*). Cette tendance haussière des coûts de production est également perceptible pour le gaz, le charbon, l'uranium, ainsi que pour les métaux et les minerais indispensables à la fabrication des énergies renouvelables[78].

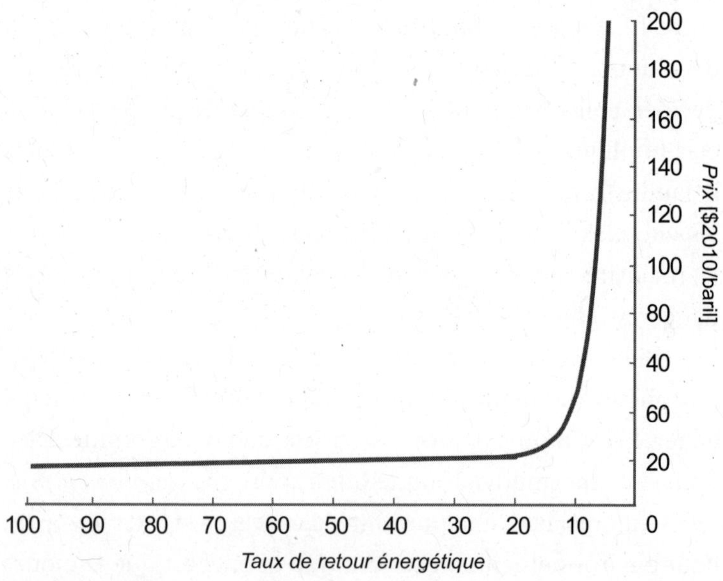

Figure 4 - Modélisation du prix du baril de pétrole en fonction du TRE (à l'aide des corrélations historiques observées)

(Source : d'après M. K. Heun et M. De Wit, « Energy return on (energy) invested (EROI), oil prices, and energy transitions », *Energy Policy*, vol. 40, 2012, p. 147-158.)

Sachant qu'environ deux tiers de la croissance des Trente Glorieuses sont dus à la combustion d'énergies fossiles – le reste étant le produit du travail et des investissements[79] –, nous pouvons donc en déduire que le déclin inexorable du TRE des énergies fossiles entraînera un énorme manque à gagner qui rendra la promesse de croissance économique impossible à tenir[80]. Autrement dit, un déclin énergétique n'annonce rien moins que la fin définitive de la croissance économique mondiale.

C'est aussi à la vue de la courbe de la *figure 4* que l'on se rend compte que nous avons véritablement affaire à un mur, pour reprendre la métaphore de la voiture. Un mur infranchissable puisqu'il est bâti sur les lois de la thermodynamique.

Et avant le mur… un précipice

Dans ces conditions, on voit mal comment notre civilisation pourrait retrouver un horizon d'abondance, ou du moins de continuité. Mais, aussi surprenant que cela puisse paraître, la pénurie énergétique n'est pas la menace la plus urgente pour notre moteur. Il est un autre élément qui menace de l'étouffer juste avant : le système financier.

En réalité, le système énergétique et le système financier sont intimement liés, l'un ne peut pas fonctionner sans l'autre. Ils forment une sorte de courroie de distribution, un axe énergético-financier, qui représente le cœur de notre civilisation industrielle. On peut prendre conscience de ce lien en observant la corrélation étroite qu'il y a entre la courbe du PIB et celle de la production de pétrole (voir *figure* 5). Une récession signifie un prix du pétrole élevé et une consommation faible ; une période d'expansion indique le contraire, un prix du pétrole bas et une consommation forte. Cette mécanique n'est pas une simple corrélation, mais bien une relation de causalité : une étude historique a montré que sur 11 récessions qui ont eu lieu au cours du XXe siècle, 10 avaient été précédées par une forte augmentation des prix du pétrole[81] (voir *figure* 6). Autrement dit, une crise énergétique précède une grave crise économique. C'était le cas lors des chocs pétroliers des années 1970, comme lors de la crise de 2008.

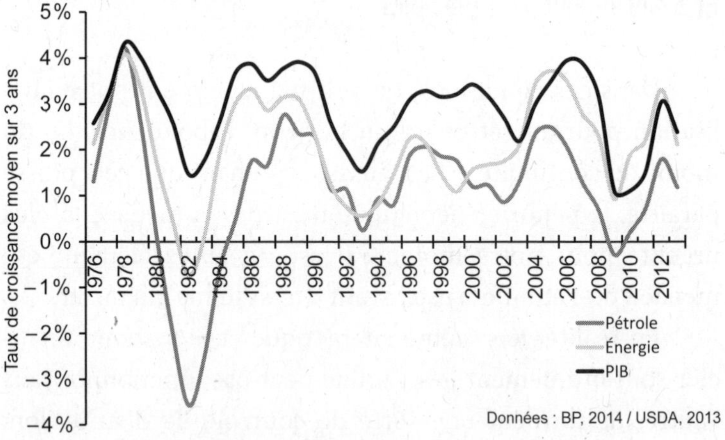

Figure 5 - Taux de croissance du pétrole, de l'énergie et du PIB mondial

(Source : d'après G. E. Tverberg, « Energy and the Economy - Twelve Basic Principles », *Our Finite World*, 14 août 2014.)

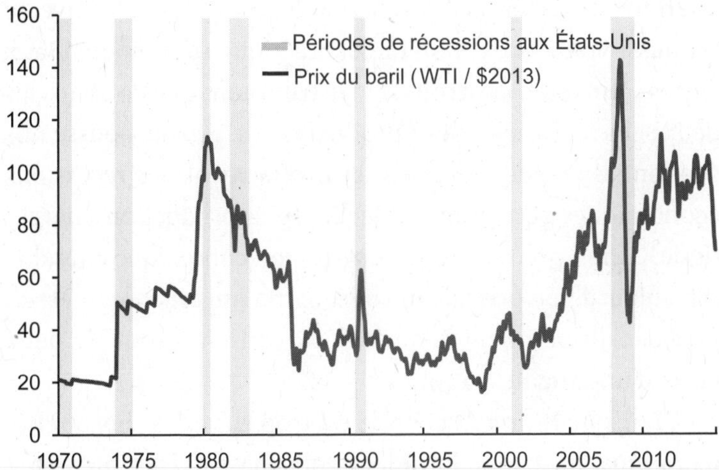

Figure 6 - Prix du baril de pétrole et périodes de récession

(Source : d'après J. D. Hamilton, « Causes and Consequences of the Oil Shock of 2007-08 », National Bureau of Economic Research, 2009 [mise à jour par les auteurs].)

Considérer les problèmes économiques en oubliant leur origine énergétique est une grave erreur. Mais l'inverse l'est tout autant. Devenue experte dans l'analyse de cet axe énergético-financier, Gail Tverberg observe qu'en contexte de pic, il n'est plus possible d'extraire des quantités significatives d'énergies fossiles sans une quantité toujours croissante de dettes. « Le problème auquel nous faisons face maintenant est qu'une fois que le coût des ressources devient trop élevé, le système basé sur la dette ne fonctionne plus. Et un nouveau système financier basé sur les dettes ne fonctionnerait pas mieux que le précédent[82]. » Un système-dette a un besoin boulimique de croissance, donc d'énergie. Mais l'inverse est aussi vrai : notre système énergétique se « shoote » aux dettes. Ainsi, la courroie de distribution tourne dans les deux sens : un déclin de la production de pétrole pousse nos économies vers la récession, et inversement, les récessions économiques accélèrent le déclin de la production énergétique[83]. Plus précisément, le système économique mondial est aujourd'hui pris en tenaille entre un prix élevé et un prix bas du pétrole. Mais ces deux extrêmes sont les deux faces d'une même pièce.

Lorsque le prix du pétrole est trop élevé, les consommateurs finissent par réduire leurs dépenses, ce qui provoque des récessions (puis pousse le prix du brut à la baisse). En revanche, un prix élevé est une excellente nouvelle pour les compagnies pétrolières, qui peuvent investir dans la prospection grâce au développement de nouvelles technologies d'extraction, ce qui permet à terme de maintenir la production ou de développer des énergies alternatives.

Lorsque le prix de l'énergie est trop bas (après une récession, ou après des manipulations géopolitiques, par exemple), la croissance économique peut repartir à la hausse, mais les compagnies pétrolières éprouvent alors de sérieuses difficultés financières et réduisent leurs investissements (comme on a pu le voir suite à la chute récente des cours du pétrole[84]), ce qui compromet dangereusement la production future. Le rapport 2014 de l'Agence internationale de l'énergie[85] observe ainsi que l'effort nécessaire afin de compenser le déclin naturel de gisements anciens parvenus à maturité « apparaît d'autant plus difficile à pérenniser maintenant que le baril est tombé à 80 dollars, [...] en particulier pour les sables bitumineux et les forages ultra-profonds au large du Brésil ». Et le chef économiste de l'Agence, le très optimiste Fatih Birol, de noter que « des nuages commencent à s'accumuler sur l'horizon à long terme de la production mondiale de pétrole ; ils charrient devant nous de possibles conditions tempétueuses[86] ».

La fragilité du système financier mondial n'est plus à démontrer. Il est constitué d'un réseau complexe de créances et d'obligations qui relie les bilans comptables d'innombrables intermédiaires, tels que les banques, les fonds spéculatifs ou les assureurs. Comme l'a démontré la faillite de Lehman Brothers et ses suites en 2008, ces interdépendances ont créé un environnement propice aux contagions[87] (voir chapitre 5). De plus, l'oligarchie politique et financière mondiale ne montre pas de signes qu'elle a réellement compris le diagnostic et s'évertue à prendre des décisions inadaptées, contribuant ainsi à fragiliser encore un peu plus ce système économique. Le plus urgent des facteurs limitants pour l'avenir de la production pétrolière n'est donc pas la quantité de réserves restantes ou le taux de retour énergétique (TRE) comme le pensent de nombreuses personnes, mais bien « le temps que notre système économique interconnecté peut encore tenir[88] ».

En somme, nos économies sont condamnées à conserver un équilibre très précaire et oscillant (en « dents de scie ») autour d'un prix du baril de pétrole compris entre environ 80 et 130 $ le baril, et à prier pour que le système financier devenu extrêmement instable ne s'effondre pas. En effet, une période de croissance économique faible ou de récession réduit le crédit disponible et les investissements des compagnies pétrolières, et pourrait provoquer un arrêt du moteur avant même que la limite physique d'extraction ne soit atteinte.

Sans une économie qui fonctionne, il n'y a plus d'énergie facilement accessible. Et sans énergie accessible, c'est la fin de l'économie telle que nous la connaissons : les transports rapides, les chaînes d'approvisionnement longues et fluides, l'agriculture industrielle, le chauffage, le traitement des eaux usées, Internet, etc. Or l'histoire nous montre que les sociétés sont vite déstabilisées quand les estomacs grondent. Lors de la crise économique de 2008, l'augmentation spectaculaire des prix alimentaires avait provoqué des émeutes de la faim dans pas moins de 35 pays[89]...

Dans son dernier livre, l'ancien géologue pétrolier et conseiller énergétique du gouvernement britannique, Jeremy Leggett, a identifié cinq risques systémiques mondiaux liés directement à l'énergie et qui menacent la stabilité de l'économie mondiale : l'épuisement du pétrole, les émissions de carbone, la valeur financière des réserves d'énergies fossiles, les gaz de schiste, et le secteur financier. « Un choc impliquant un seul de ces secteurs serait capable de déclencher un tsunami de problèmes économiques et sociaux, et, bien sûr, il n'existe aucune loi de l'économie qui stipule que les chocs ne se manifestent que dans un secteur à la fois[90]. » Nous vivons donc probablement les derniers toussotements du moteur de notre civilisation industrielle avant son extinction.

3.

LA SORTIE DE ROUTE (LES FRONTIÈRES FRANCHISSABLES)

En plus des limites infranchissables qui empêchent physiquement tout système économique de croître à l'infini, on trouve des « frontières » invisibles, floues, et difficilement prévisibles. Ce sont des seuils au-delà desquels les systèmes dont nous dépendons se dérèglent, comme le climat, les écosystèmes ou les grands cycles biogéochimiques de la planète. Il est possible de les franchir, mais les conséquences n'en sont pas moins catastrophiques. Ici, donc, la métaphore du mur n'est pas d'une grande utilité. On les représenterait plutôt par les bords de la route, au-delà desquels la voiture quitterait une zone de stabilité et ferait face à des obstacles imprévisibles.

Nous ne connaissons pas encore bien les conséquences du dépassement de ces « frontières ». Ainsi, à la différence des limites qui stoppent la voiture dans son élan, les frontières ne nous empêchent pas de provoquer des catastrophes, elles nous laissent libres et responsables de nos choix, c'est-à-dire *obligés* seulement par notre éthique et notre capacité à anticiper les catastrophes. On ne peut pas créer de l'énergie à partir de rien, mais on peut choisir de vivre dans un climat avec une température de + 4 °C supérieure à la moyenne historique (c'est d'ailleurs ce que nous sommes en train de faire). Mais pour faire des choix responsables, il faut pouvoir connaître les conséquences de ses actes. Or, le plus souvent, celles-ci ne sont connues qu'*après* avoir dépassé ces seuils, lorsqu'il est déjà trop tard.

Réchauffement et sueurs froides

Le climat est la plus connue de ces frontières invisibles, et il a acquis au fil des ans un statut spécial. En effet, d'après ce qu'en disent certains experts, les conséquences du réchauffement climatique ont le pouvoir *à elles seules* de provoquer des catastrophes globales, massives et brutales qui pourraient mener à la fin de la civilisation, voire de l'espèce humaine. Début 2014, nous avons pu bénéficier d'une extraordinaire synthèse scientifique, le cinquième rapport du GIEC, qui est désormais catégorique : le climat se réchauffe à cause de l'émission de gaz à effet de serre produits par l'activité humaine[91]. La température moyenne globale a augmenté de 0,85 °C depuis 1880, et la tendance s'est accélérée en 60 ans. Ce dernier rapport confirme la « règle » qui veut que les prédictions les plus alarmantes des précédents rapports deviennent des réalités[92]. Nous sortons donc des conditions requises pour limiter le réchauffement à + 2 °C de moyenne en 2050, et nous pourrions atteindre + 4,8 °C à l'horizon 2100 par rapport à la période 1986-2005. Remarquons au passage que les projections initiales du GIEC sur la température globale ont été jusqu'à maintenant remarquablement précises[93].

Les catastrophes ne concernent pas seulement les générations futures, elles concernent les générations présentes. Le réchauffement *provoque déjà* des vagues de chaleur plus longues et plus intenses et des événements extrêmes (tempêtes, ouragans, inondations, sécheresse, etc.) qui ont causé d'importantes pertes ces dix dernières années[94], comme celles qu'a subies l'Europe en 2003 (qui a provoqué la mort de 70 000 personnes[95] et coûté 13 milliards d'euros au secteur agricole européen[96]) ou récemment la Russie, l'Australie et les États-Unis[97]. En 2010, les épisodes de sécheresse en Russie ont par exemple amputé de 25 % la production agricole et de 15 milliards de dollars l'économie (1 % du PIB), obligeant le gouvernement à renoncer cette année-là à des exportations[98].

On constate *déjà* des pénuries d'eau dans les parties densément peuplées[99], des pertes économiques, des troubles sociaux et de l'instabilité politique[100], la propagation de maladies contagieuses[101], l'expansion de ravageurs et de nuisibles[102], l'extinction de nombreuses espèces vivantes (voir section suivante), des dégâts irréversibles et graves à l'encontre des écosystèmes uniques[103], la fonte des glaces polaires et des glaciers[104], ainsi que des diminutions de rendements agricoles. Voilà pour le présent.

Dans un livre intitulé *Alerte – Changement climatique : la menace de guerre*, le spécialiste de questions militaires Gwynne Dyer évoque les conséquences géopolitiques que pourrait avoir un réchauffement planétaire de quelques degrés. Reprenant les conclusions de rapports rédigés par d'anciens hauts fonctionnaires militaires pour le gouvernement des États-Unis, ainsi que de nombreuses interviews d'experts, Dyer évoque une palette de scénarios allant d'un monde à + 2 °C de moyenne, déjà catastrophique, au scénario « anéantissement » de + 9 °C.

Dans un monde à + 2 °C de moyenne, « les risques de conflits seront considérables. L'Inde, par exemple, a déjà entrepris de construire une barrière de deux mètres et demi de haut le long des trois mille kilomètres de sa frontière avec le Bangladesh, un des pays d'où pourraient arriver un très grand nombre de réfugiés lorsque la mer aura envahi ses régions côtières peu élevées[105] ». Dans le reste du monde, sécheresses massives, ouragans à répétition et déplacement de populations mettraient les frontières entre riches et pauvres sous haute tension. Les pays riches seraient déstabilisés par des problèmes agricoles sévères, et certaines îles de l'océan Indien devraient être évacuées. Voilà un aperçu du scénario à + 2 °C, sur lequel nous ne nous étendrons pas, puisqu'il n'est même plus à l'ordre du jour ! En effet, le livre se base sur des rapports antérieurs à 2008, et en particulier sur le rapport du GIEC 2007, qui lui-même fait la synthèse de travaux scientifiques publiés avant 2002...

En novembre 2012, la Banque mondiale a publié un rapport[106] qu'elle avait commandé à une équipe de climatologues de l'université de Postdam sur les conséquences qu'aurait une augmentation de + 4 °C sur nos sociétés et sur la vie sur Terre. Une moyenne de + 4 °C signifie des augmentations jusqu'à + 10 °C sur les continents (il faut par exemple imaginer un été à + 8 °C de moyenne dans le sud de la France !). Le niveau des mers monterait d'environ un mètre en 2100 (confirmé par le nouveau rapport du GIEC), menaçant les grandes villes du Mozambique, de Madagascar, du Mexique, du Venezuela, de l'Inde, du Bangladesh, de l'Indonésie, des Philippines et du Vietnam, et rendant les principaux deltas impraticables pour l'agriculture (Bangladesh, Égypte, Vietnam et Afrique de l'Ouest). Le rapport est accablant, et les conséquences, particulièrement catastrophiques, menacent clairement la possibilité de maintenir notre civilisation en l'état.

Les graves crises économiques et démographiques qu'ont connues les sociétés européennes avant l'ère industrielle sont toutes liées à des perturbations climatiques. Une étude publiée en 2011 va même plus loin en décortiquant la cascade de causalités qui a eu lieu – entre 1500 et 1800 – entre des changements climatiques et des catastrophes agricoles, socio-économiques et démographiques majeures[107] (voir *figure 7*).

En réalité, si les ralentissements économiques ont été les causes *directes* des graves crises sociales qui ont provoqué des effondrements démographiques, le climat en a toujours été la cause première. Et au cœur du processus, on trouve toujours des crises alimentaires.

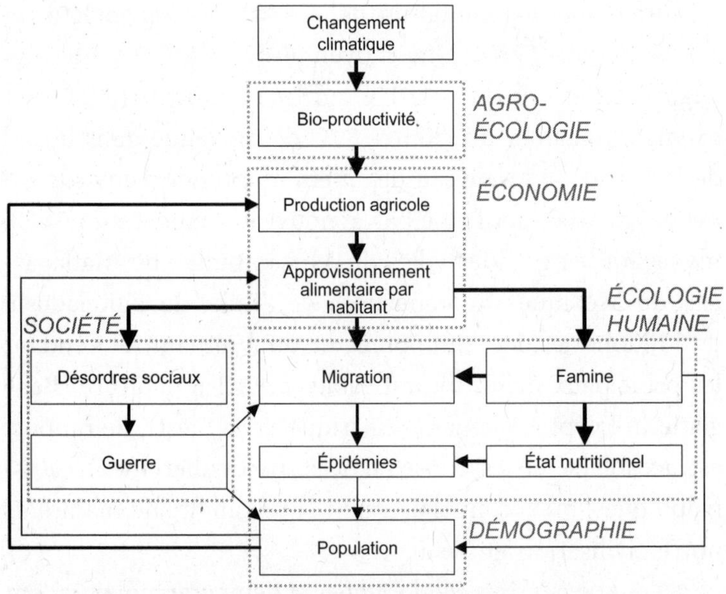

Figure 7 - Liens de causalité entre les changements climatiques et les grandes crises humaines en Europe préindustrielle. L'épaisseur de la flèche indique la puissance de la corrélation

(Source : d'après D. D. Zhang *et al.*, « The causality analysis of climate change and large-scale human crisis », *PNAS*, vol. 108, n° 42, 2011, p. 17296-17301.)

Nous savons aujourd'hui que le réchauffement climatique cause et causera de graves problèmes d'approvisionnement en eau et des baisses de rendement agricole (les deux n'étant pas toujours liés). À + 2 °C, le nombre de personnes confrontées à de sévères pénuries d'eau pourrait augmenter de 15 %[108]. Depuis 1980, les productions mondiales de maïs et de blé ont reculé de 3,8 % et de 5,5 % respectivement, par rapport à une simulation sans changement climatique[109]. Globalement, les rendements de blé ont eu tendance à stagner ces 20 dernières années malgré des progrès techniques considérables[110]. Au nord de l'Europe, de la Russie et du Canada, les précipitations seront plus intenses et les hivers plus chauds[111], ce qui laisse présager de meilleurs rendements et de nouvelles surfaces cultivables. Mais les risques d'inondations seront aussi plus importants[112]. À l'opposé, dans les autres régions, les chercheurs s'attendent à des pénuries d'eau et des événements climatiques extrêmes (chaleur, sécheresse et tempêtes) plus fréquents[113], ce qui fera baisser la production agricole globale.

Avec + 2 °C, la production agricole indienne diminuerait de 25 %, provoquant une famine jamais vue. « Mais ce n'est rien par rapport au sort du Bangladesh, dont le tiers sud – où vivent soixante millions d'individus – serait littéralement noyé sous les flots à la suite de l'élévation du niveau de la mer[114]. » Si la société bangladaise se rend compte de cela et décide de chercher les responsables de ce « génocide climatique » (selon l'expression du climatologue bangladais Atiq Rahman), « leur amertume sera sans bornes[115] ». Avec un réalisme glaçant, Dyer décrit la guerre nucléaire qui pourrait éclater en 2036 entre l'Inde et le Pakistan suite à ce genre de conflits...

Les tensions géopolitiques seraient exacerbées par le nombre croissant de réfugiés climatiques[116]. En Amérique centrale, par exemple, où la sécheresse deviendrait la norme, des millions de réfugiés se heurteraient à la frontière – de moins en moins perméable – avec les États-Unis. La même catastrophe sociale et humanitaire pourrait avoir lieu dans le sud de l'Europe, compte tenu de l'afflux de réfugiés provenant d'Afrique, du Proche-Orient et du Moyen-Orient.

Des épisodes de sécheresse accrue peuvent également faire chuter la production électrique des centrales thermiques et des centrales nucléaires[117], ce qui affaiblirait d'autant plus la capacité des populations à s'adapter et survivre aux conséquences du réchauffement climatique, surtout dans les villes.

L'un des plus grands risques dus aux changements climatiques est celui des inégalités croissantes (voir chapitre 8). Comme le souligne Leon Fuerth, ancien conseiller à la sécurité nationale des États-Unis sous la vice-présidence d'Al Gore et principal auteur du rapport *The Age of Consequences*[118], même les pays les plus riches « ne feront pas l'économie de choix longs et cauchemardesques : ils devront décider qui est-ce qui peut être sauvé de l'engloutissement par un environnement incontrôlable ». Quant au sort des plus démunis, « nous en avons déjà eu un aperçu, bien sûr, au cours de la débandade organisationnelle et spirituelle de l'ouragan Katrina[119] ».

Aujourd'hui, en 2015, nous nous trouvons dans les conditions idéales pour arriver à un accord global sur le climat, puisque aucune des grandes puissances mondiales ne se sent agressée depuis la fin de la guerre froide. Mais « plus les pénuries alimentaires dues au réchauffement global se feront sentir, plus il sera difficile de conclure des accords internationaux, quels qu'ils soient[120] ».

Le dernier rapport du GIEC indique bien la possibilité de « rupture des systèmes alimentaires » qui aggravera les situations déjà existantes de pauvreté et de famine (particulièrement dans les villes) et augmentera « les risques de conflits violents sous la forme de guerres civiles et de violences intergroupes ». Mais le problème de ce monumental rapport est qu'il ne prend pas en compte les effets amplificateurs des nombreuses boucles de rétroactions climatiques, comme la libération de grandes quantités de méthane dues au dégel du pergélisol (d'où l'optimisme récurrent des différentes versions des rapports). Or, ces boucles sont susceptibles de se déclencher à partir de + 3 °C ou + 4 °C. Au-delà d'une telle augmentation de température, il est donc très difficile de décrire précisément ce qui pourrait advenir. Néanmoins, les scénarios des experts sont en général unanimes et virent très rapidement à la catastrophe.

On peut se faire une idée de l'ampleur des changements *envisageables* en constatant que, lorsque l'atmosphère de ces derniers 100 millions d'années contenait des niveaux de CO_2 que nous pourrions atteindre à la fin du siècle, la température moyenne du globe était plus élevée de 16 °C par rapport à aujourd'hui[121]. Inversement, il y a 10 000 ans, et avec 5 °C de moins, la Terre était plongée dans une époque glaciaire, le niveau des océans était 120 mètres plus bas qu'aujourd'hui, et une couche de glace épaisse de centaines de mètres couvrait l'Europe du Nord.

Selon James Lovelock, si le taux de CO_2 atteint 500 ppm ou plus (nous avons atteint 400 ppm le 9 mai 2013), la grande masse de la surface terrestre se transformera en désert et en brousse, laissant un reste de civilisation de quelques millions de personnes dans le bassin arctique et le Groenland.

> La Terre s'est déjà remise de tels accès de fièvre [...] en revanche, si nous poursuivons nos activités, notre espèce ne connaîtra plus jamais le monde verdoyant qui était le nôtre il y a tout juste un siècle. C'est la civilisation qui court le plus grand danger ; les humains sont assez résistants pour que des couples aptes à se reproduire survivent, et [...] malgré la chaleur, il y aura encore sur Terre des endroits qui répondent à nos critères ; les plantes et animaux rescapés de l'Éocène le confirment. [...] Quoi qu'il en soit, si de tels bouleversements se produisent, peu d'habitants, parmi les milliards que compte la planète, devraient survivre[122].

Dyer, inquiet d'un tel scénario, a demandé à des climatologues s'ils trouvaient cela possible, et la quasi-totalité d'entre eux « ne le trouvaient pas excessif ».

Voilà ce qui peut arriver si nous ne trouvons pas d'accord

international sur le climat, et si nous continuons à brûler des énergies fossiles pendant encore quelques années. Car il ne faut pas oublier que *même avec un arrêt total et immédiat* des émissions de gaz à effet de serre, le climat continuerait à se réchauffer pendant plusieurs décennies. Il faudrait plusieurs siècles, voire des millénaires pour envisager revenir aux conditions de stabilité climatique préindustrielle de l'Holocène.

Si, par magie, nous arrivions à extraire et brûler toutes les énergies fossiles restantes – et les réserves prouvées sont gigantesques –, les problèmes seraient bien plus graves que ce que nous avons décrit plus haut. Dans le cinquième rapport du GIEC, le pire scénario indique une augmentation comprise entre + 8 °C et + 12 °C pour 2300. Mais en 2013, le célèbre climatologue James Hansen et son équipe ont calculé la trajectoire d'un scénario dans lequel nous parviendrions à brûler un tiers des réserves prouvées au rythme actuel, soit en moins d'un siècle. Elle nous mènerait à une température moyenne globale de + 16 °C, c'est-à-dire + 30 °C aux pôles et + 20 °C sur les continents[123]. À cette température, le monde deviendrait inhabitable pour la plupart des êtres vivants, même la transpiration humaine ne suffirait pas à maintenir nos corps à 37 °C. Mais rassurez-vous, comme nous l'avons vu au chapitre précédent, nous n'arriverons pas à brûler tout ce pétrole...

En fait, ce scénario est irréaliste, car bien avant que cela n'arrive, la circulation des courants océaniques pourrait se modifier, comme elle l'a déjà fait par le passé, créant un risque d'anoxie (manque d'oxygène) dans les profondeurs océaniques. Si la couche anoxique atteint la surface des océans, là où la lumière pénètre, on assisterait alors à la prolifération de bactéries produisant de l'hydrogène sulfuré, un gaz connu pour détruire la couche d'ozone et rendre l'atmosphère irrespirable. Ces « océans de Canfield », qui ont déjà existé dans l'histoire de la Terre, anéantiraient l'essentiel de la vie marine et de la vie terrestre. Bien que cela ne constitue pour l'instant qu'une hypothèse, elle est tout de même prise très au sérieux par certains scientifiques. Selon Dennis Bushnell, directeur de recherche à la NASA, il est même envisageable que cela puisse arriver avant 2100…

Tous ces faits, ces chiffres, ces hypothèses, ces projections, et ce que notre imagination peut en faire, dressent le portrait de ce que Chris Rapley, ancien directeur du British Antarctic Survey, nomme les « monstres » climatiques.

Qui tuera le dernier animal de la planète ?

N'exagérons rien. Mais il faut reconnaître que, ces dernières années, les êtres humains ont été plutôt efficaces pour éradiquer les autres êtres vivants. Or, la « perte de biodiversité » n'est pas un phénomène anodin. Il s'agit là de la destruction de nombreux territoires où vivaient en interactions des milliards de plantes, d'animaux, de champignons et de micro-organismes, et de la disparition pure et simple de ces êtres vivants. Or, pour notre survie, nous, les humains, dépendons de ces êtres, des interactions que nous entretenons avec eux, *et des interactions qui ont lieu entre eux.*

Bien entendu, les extinctions d'espèces sont des phénomènes naturels, tout comme l'apparition de nouvelles espèces. Mais le problème est que le taux de disparition a explosé. Une estimation récente montre qu'il est aujourd'hui au moins 1 000 fois plus élevé que la moyenne géologique relevée sur les fossiles[124] et qu'il est en forte et constante augmentation. Selon les derniers relevés, l'état de la biodiversité continue d'empirer[125] malgré les efforts *croissants* de protection et de conservation que nous déployons[126]. Tous les formidables efforts que fait l'humain pour protéger les autres êtres vivants de sa puissance ne sont pas du tout à la hauteur des enjeux[127].

Très récemment, une série d'études troublantes est venue ajouter à ce tableau une couleur bien plus inquiétante, en mettant au jour le phénomène d'extinction *des interactions écologiques.* En effet, lorsqu'une espèce meurt, elle ne disparaît jamais seule, elle emporte en général des voisines avec elle, sans que personne le remarque. Les extinctions sont comme des chocs qui se propagent à travers la toile du réseau alimentaire, affectant les prédateurs et les proies des espèces « en danger » (verticalement), et qui perturbent d'autres espèces indirectement liées à ces dernières (horizontalement)[128]. Par exemple, l'extermination des loutres de mer cause une prolifération d'oursins (leurs proies) qui transforme les fonds marins en déserts, ce qui en retour perturbe d'autres chaînes alimentaires et d'autres prédateurs…

Le monde vivant n'étant pas simplement tissé d'une toile de prédation, l'onde de choc peut aussi se propager à travers des réseaux parallèles – et très riches ! – de mutualismes, comme la dispersion des graines ou la pollinisation. Faire disparaître une espèce, c'est donc aussi en priver d'autres de ressources précieuses, voire vitales. On découvre, par exemple, que l'effondrement des populations de certains pollinisateurs peut provoquer un effondrement généralisé de tous les pollinisateurs d'un écosystème, et donc perturber gravement les plantes qui en dépendent, c'est-à-dire les rendements agricoles[129]. Cela affecte donc non seulement les populations humaines qui se nourrissent de ces écosystèmes, mais aussi tous les animaux qui dépendent de ces plantes, et qui n'ont rien à voir avec les pollinisateurs en question.

Les conséquences des disparitions d'espèces peuvent aller jusqu'à modifier les caractéristiques physiques du milieu. Par exemple, la disparition d'espèces d'oiseaux en Nouvelle-Zélande diminue significativement la pollinisation de l'arbuste *Rhabdothamnus solandri*, ce qui réduit la densité de sa population[130], et donc affecte les sols, le climat, la température et l'humidité de l'écosystème.

Mais il y a pire. L'onde de choc peut aussi nous prendre

de vitesse. Une étude publiée en 2013 a montré que la disparition des interactions écologiques (« extinctions fonctionnelles ») *précède* les extinctions de populations. Autrement dit, une espèce (la loutre, par exemple) perd déjà des « liens » avec ses voisines *dès le début du déclin,* faisant disparaître (dans 80 % des cas) d'autres espèces autour d'elle bien avant qu'elle n'ait elle-même disparu ! Ces extinctions indirectes et silencieuses peuvent débuter très tôt, avant même que la population de l'espèce menacée n'ait perdu un tiers de sa population totale (alors qu'on ne déclare officiellement une espèce en danger qu'à partir de 30 % de déclin). Dès lors, et c'est un paradoxe, les espèces les plus menacées ne sont pas celles que l'on croit, mais celles *qui sont indirectement liées à celles que l'on croit.* Même les écologues, qui connaissent ces effets depuis longtemps, ont été surpris par l'ampleur de tels « effets en cascade ». Ce que l'on appelle désormais les coextinctions sont potentiellement les plus nombreuses[131], mais elles sont imprévisibles, et on ne les observe que lorsqu'il est déjà trop tard. Voilà une explication possible des chiffres catastrophiques de la destruction de la biodiversité par l'activité humaine.

Résultat ? Le printemps est déjà bien silencieux[132]. Depuis l'an 1500, 332 espèces de vertébrés terrestres ont disparu[133] et « les populations d'espèces de vertébrés peuplant le globe ont, en moyenne, un effectif réduit de moitié comparé à celui d'il y a 40 ans[134] ». Les populations de 24 des 31 grands carnivores de la planète (lion, léopard, puma, loutre des mers, dingo, lynx, ours, etc.) sont en grave déclin, ce qui, à cause des effets en cascade[135], perturbe dangereusement les écosystèmes qu'ils habitent[136].

En mer, la situation est particulièrement dramatique. Il n'y a pratiquement plus d'écosystèmes marins qui n'aient été perturbés par les humains[137], et près de la moitié d'entre eux (41 %) sont sérieusement atteints[138]. En 2003, une étude estimait que 90 % de la biomasse des grands poissons avait disparu depuis le début de l'ère industrielle[139]. Ces chiffres, qui laissaient bon nombre de scientifiques incrédules à l'époque, sont aujourd'hui confirmés[140]. Les océans se sont littéralement vidés. En janvier 2013, par exemple, un seul spécimen de thon rouge a été vendu pour 1,7 million de dollars à Tokyo[141] !

Même sort pour les oiseaux. La Nouvelle-Zélande, par exemple, a perdu la moitié de ses espèces d'oiseaux[142], et en Europe, 52 % des populations d'oiseaux des champs ont disparu au cours des trois dernières décennies[143]. Ce déclin rapide des populations d'oiseaux est accentué par la pollution aux insecticides néonicotinoïdes utilisés en agriculture (qui ont décimé les insectes dont se nourrissent les oiseaux)[144].

Chez les invertébrés – largement sous-étudiés –, deux tiers des populations d'espèces que les scientifiques suivent sont en déclin (de 45 % en moyenne !)[145], dont les pollinisateurs sauvages et l'abeille mellifère[146]. « Pour M. Bijleveld, le déclin en cours de l'ensemble de l'entomofaune relève d'un "effondrement brutal"[147]. »

Du côté des forêts tropicales, entre braconnage et chasse excessive, « la grande faune sauvage a disparu », observe Richard Corlett du Xishuangbanna Tropical Botanical Garden de Menglun (Chine). C'est une réalité que l'on observe dans la plupart des luxuriantes forêts tropicales du monde, en Asie, en Afrique et en Amérique latine. À Bornéo, après 30 ans de mesures dans la forêt de Lambir, l'écologue Rhett Harrison et son équipe du World Agro-forestry Centre de Kunming (Chine) ont pu observer de près cette « défaunation » : les animaux ne sont plus là, il n'y a plus rien. « Le silence est assourdissant », confirme de son côté Carlos Peres de l'université d'East Anglia (Grande-Bretagne)[148].

Pour atteindre une extinction comparable à celle qui a emporté notamment les dinosaures il y a 65 millions d'années et pour que les paléontologues parlent de « sixième crise d'extinction de masse », il faudra arriver à ce que plus de 75 % des espèces de la planète disparaissent. Nous n'y sommes pas encore, mais nous nous en approchons à grands pas[149]. Et pourtant, la société ne reconnaît pas encore le déclin de la biodiversité comme un facteur majeur de changement global, au même titre que d'autres « crises » qui mobilisent la communauté internationale, comme le réchauffement climatique, la pollution, le trou dans la couche d'ozone ou l'acidification des océans[150].

Or, les preuves sont là, les extinctions en cascade ont des conséquences dramatiques et profondes sur la productivité, la stabilité et la soutenabilité des écosystèmes de la planète.

En les perturbant ou en les « simplifiant » (notamment par l'activité agricole industrielle), ces derniers deviennent très vulnérables et subissent des effondrements[151]. L'idée, pourtant simple, que la diversité est indispensable à la stabilité des écosystèmes (c'est le b.a.-ba de l'écologie scientifique) est apparemment encore absente de la plupart des cerveaux des élites politiques et économiques...

La biodiversité est garante d'une agriculture résiliente et productive, et surtout du maintien des fonctions de régulation des écosystèmes (la qualité de l'air, la stabilité du climat local et global, la séquestration du carbone, la fertilité des sols ou le recyclage des déchets), des fonctions d'approvisionnement en ressources vitales (eau douce, bois, substances médicinales, etc.) et des fonctions culturelles (récréatives, esthétiques et spirituelles). Elle influence la santé humaine en permettant, par exemple, de contrôler l'émergence de maladies infectieuses[152], comme cela a été le cas pour le virus Ebola en 2014 qui a pu se propager en Afrique de l'Ouest à cause – entre autres – de la destruction des écosystèmes forestiers[153].

Et comment, par exemple, assurer la fonction de pollinisation (75 % des espèces cultivées en agriculture tout de même) en l'absence d'insectes pollinisateurs ? Par une main-d'œuvre bon marché qui pollinise fleur par fleur les arbres fruitiers, comme c'est le cas dans la région du Sichuan en Chine où les abeilles ont disparu[154] ? Par des drones, peut-être ? Certains experts tentent même de donner une valeur monétaire aux services que nous rendent les écosystèmes. En 1998, ils l'estimaient à deux fois le PIB mondial[155]. Mais ces chiffres signifient-ils quelque chose ? La nature n'est évidemment pas soluble dans l'économie. Le tissu vivant est une matrice qu'on ne peut remplacer à l'échelle planétaire par des processus techniques et industriels (comme on tente de le faire depuis trois siècles avec un succès mitigé).

Il est bien admis que l'essor du commerce international, et donc l'expansion d'espèces invasives, est l'une des grandes causes du déclin de la biodiversité[156]. Mais il ne faut pas croire que, en cas de « démondialisation » ou d'effondrement de l'économie mondiale, la biodiversité se porterait mieux, bien au contraire[157]. Au cours du XXe siècle, malgré une population mondiale qui a quadruplé, l'être humain a « seulement » doublé la quantité de biomasse qu'il prélève sur les écosystèmes. Cet « effet retard », qui a préservé bon nombre de forêts, n'est dû qu'à la consommation massive d'énergies fossiles[158]. En l'absence de ces dernières, donc, les populations du monde entier se rueront sur les forêts pour trouver – dans l'urgence – un peu de gibier, des terres arables et surtout du bois de chauffe, comme on a pu le constater en Grèce depuis le début de la crise économique. Le bois servira probablement aussi à maintenir un semblant d'activité industrielle, sachant qu'« il faut environ 50 m^3 de bois pour fondre 1 tonne de fer, soit une année de production soutenable de 10 hectares de forêt[159] ». Sans parler de la possibilité de futures guerres : on sait, par exemple, qu'« en

1916-1918, lorsque les U-Boots allemands interrompirent les relations commerciales de la Grande-Bretagne, celle-ci dut abattre près de la moitié de ses forêts commerciales pour satisfaire aux besoins militaires[160] ».

À cela, il faudra ajouter l'impact du réchauffement climatique, qui, comme le montrent la plupart des modèles, aura des conséquences « dramatiques » sur la biodiversité, voire, selon les pires scénarios envisagés, pourrait provoquer cette fameuse sixième extinction de masse[161].

La biodiversité n'est pas un luxe auquel seul le promeneur du dimanche – riche et cultivé, bien sûr – aurait accès. Les conséquences d'un déclin de la biodiversité sont bien plus graves que ce que nous imaginons. Réduire le nombre d'espèces, c'est réduire les « services » que les écosystèmes nous offrent, c'est donc réduire la capacité qu'a la biosphère de nous accueillir. Il s'ensuivra, tôt ou tard, une réduction de la population humaine[162], suivant les schémas désormais classiques : famines, maladies et guerres.

Les autres frontières de la planète

Climat, biodiversité... Malheureusement, il y a beaucoup d'autres « frontières ». Dans une étude retentissante publiée dans la revue *Nature* en 2009[163] et mise à jour en 2015[164], une équipe internationale de chercheurs a tenté de chiffrer neuf frontières planétaires absolument vitales à ne pas franchir pour éviter de basculer dans une zone dangereuse pour notre survie. Parmi elles, bien sûr, le changement climatique et le déclin de la biodiversité (nouvellement appelée « intégrité de la biosphère »), mais aussi l'acidification des océans, la déplétion de l'ozone stratosphérique, la perturbation du cycle du phosphore et de l'azote, la charge en aérosols atmosphériques, la consommation d'eau douce, le changement d'affectation des terres, et enfin la pollution chimique. Sept d'entre elles ont été quantifiées à ce jour, et quatre auraient été déjà dépassées. Les deux premières, climat et biodiversité, comme nous l'avons vu, peuvent *à elles seules* faire basculer la destinée humaine. Les deux autres sont le changement d'affectation des sols mesuré par le déclin de la couverture forestière et les grands cycles biogéochimiques de l'azote et du phosphore, qui ont été perturbés de manière irréversible[165]. Les quantités de ces nutriments rejetées dans les sols et les eaux par l'activité humaine – entre autres par l'activité agricole – ne sont plus absorbées assez rapidement par les cycles naturels et polluent notre environnement par l'eutrophisation des eaux. Les conséquences sont directes : eau non-potable, explosions de populations de cyanobactéries toxiques pour les humains et les animaux d'élevage, et mort de la faune aquatique par manque d'oxygène dans les zones concernées[166].

En ce qui concerne l'eau, les chercheurs ont estimé à 4 000 km^3/an la frontière de consommation mondiale d'eau douce à ne pas dépasser pour éviter des effets catastrophiques irréversibles, comme des épidémies, des pollutions, un déclin de la biodiversité ou l'effondrement d'écosystèmes[167]. Mais les conséquences les plus directes du manque d'eau sont les pénuries alimentaires, car le développement de l'irrigation a été l'un des facteurs principaux de l'augmentation spectaculaire de la population humaine lors de la révolution verte. La consommation mondiale actuelle est estimée à 2 600 km^3/an, mais les auteurs indiquent que la marge de manœuvre restante se réduit dangereusement à cause du réchauffement climatique (disparition des glaciers), de l'augmentation de la population et de l'activité agricole (pollutions et épuisement rapide des stocks souterrains non-renouvelables d'eau douce[168]). La zone de sécurité qui reste pour couvrir les futurs besoins en eau de l'humanité est donc très mince. Aujourd'hui, environ 80 % de la population mondiale est exposée à des risques de pénuries[169], particulièrement dans les régions densément peuplées comme l'Europe, l'Inde ou la Chine[170].

La pollution chimique, quant à elle, est aussi très inquiétante. Depuis quelques années, on peut trouver une littérature scientifique abondante sur les conséquences des produits chimiques de synthèse sur la santé humaine[171]. On sait aujourd'hui que l'exposition à certains produits chimiques de synthèse durant le stade embryonnaire modifie l'expression des gènes et donc altère la santé, la morphologie et la physiologie des futurs adultes : baisse de fertilité, obésité, comportement altéré, etc.[172] Mais en plus des problèmes d'exposition à fortes doses, il y a le problème de l'exposition chronique à de très faibles doses, ce qui concerne potentiellement presque tout le monde sur Terre. En agriculture, lors d'un épandage, jusqu'à plus de 90 % des produits ne sont pas absorbés par les plantes et se retrouvent dans les sols où certains peuvent persister plusieurs années, contaminer les eaux et migrer vers des zones non-traitées[173]. Les résidus d'insecticides (dont surtout les néonicotinoïdes actuellement) provoquent des effondrements de populations d'insectes, parmi lesquelles les abeilles[174], mais aussi des dégâts sur les vertébrés[175], et finalement sur la faune sauvage et l'agriculture[176]. La pollution atmosphérique n'est pas en reste, comme en témoignent les épisodes d'« airpocalypse » dans les grandes villes chinoises... et même dans nos régions, puisque « le 13 décembre 2013, les rues de Paris étaient aussi polluées qu'une pièce de 20 mètres carrés occupée par huit fumeurs. [...] Ces particules ultrafines, dont le diamètre est inférieur à 0,1 micromètre (μm), sont extrêmement nocives pour la santé humaine, car elles pénètrent profondément dans les poumons, entrent dans la circulation sanguine et peuvent atteindre les vaisseaux du cœur[177] ». Ces pollutions sont problématiques car elles sont les causes de millions de décès (et contribuent à faire baisser notre durée de vie moyenne), mais elles impactent aussi la biodiversité et le bon fonctionnement des écosystèmes, ainsi que les futures générations qui, en cas d'effondrement économique, ne pourront peut-être plus compter sur un système médical moderne...

Il y a beaucoup de « frontières » et nous ne pouvons les traiter toutes en détail. Là n'est pas le but. L'idée à retenir de cet aperçu est que nous sommes cernés. Qu'il s'agisse du climat, des autres espèces, des pollutions, de la disponibilité en eau, la transgression de chacune d'entre elles affecte sérieusement la santé et l'économie de nombreuses populations humaines, y compris les populations des pays industrialisés. Pire, la perturbation d'un des systèmes (le climat par exemple) provoque des bouleversements sur les autres (la biodiversité, les cycles naturels, l'économie, etc.), qui en retour en bousculent d'autres dans un immense effet domino que personne ne maîtrise, *et que personne ne voit.* Les frontières nous montrent une chose : la grande machine industrielle, remarquablement efficace, est paradoxalement de plus en plus vulnérable à mesure qu'elle grandit et qu'elle gagne en puissance.

Que se passe-t-il lorsqu'on franchit les rubicons ?

Prenez l'image d'un interrupteur sur lequel on exerce une pression croissante : au début il ne bouge pas, augmentez et maintenez la pression, il ne bouge toujours pas, et à un moment donné, clic ! Il bascule vers un état totalement différent de l'état initial. Juste avant le déclic, on sentait que l'interrupteur sous pression était prêt à céder, mais on ne pouvait pas en prévoir le moment exact.

Pour les écosystèmes, c'est (presque) pareil. Pendant longtemps, on a cru que la nature répondait à des perturbations de manière graduelle et proportionnée. En réalité, les écosystèmes fonctionnent aussi comme des interrupteurs. Ceux qui subissent des perturbations régulières (chasse, pêche, pollutions, sécheresses, etc.) ne montrent pas immédiatement de signes apparents d'usure, mais perdent progressivement – et de manière imperceptible – leur capacité à se rétablir (la fameuse résilience) jusqu'à atteindre un point de rupture (*tipping point*), un seuil invisible au-delà duquel l'écosystème s'effondre de manière brutale et imprévisible. Clic ! En 2001, naissait une nouvelle discipline : la science des « changements catastrophiques[178] ».

Un lac peut par exemple passer rapidement d'un état translucide à totalement opaque à cause d'une pression de pêche constante. La diminution progressive du nombre de grands poissons provoque, à un moment précis, un effet en cascade sur tout le réseau alimentaire, ce qui en bout de course mène à une prolifération très soudaine et généralisée de microalgues. Ce nouvel état, très stable, est ensuite difficile à inverser. Le problème est que personne n'avait prévu cette invasion d'algues, et personne ne *pouvait* (jusque récemment) la prévoir.

De la même manière, dans les forêts des régions semiarides, il suffit de dépasser un certain niveau de disparition du couvert végétal pour que les sols s'assèchent un peu trop et provoquent l'apparition brutale d'un désert, qui empêche toute végétation de repousser[179]. C'est ce qui s'est passé pour le Sahara, lorsqu'il y a 5 000 ans, la forêt est soudainement devenue un désert[180], ou actuellement en Amazonie, où une transition similaire est probablement en train de s'amorcer[181].

En 2008, une équipe de climatologues a recensé 14 « éléments de basculement climatiques » susceptibles de passer ces points de rupture (le permafrost de Sibérie, les courants océaniques atlantiques, la forêt amazonienne, les calottes glaciaires, etc.)[182]. Même si certains d'entre eux sont réversibles, ou en tout cas l'ont été au cours de l'histoire géologique[183], chacun d'eux est capable – à lui seul – d'accélérer le changement climatique de manière catastrophique… et en plus de déclencher les autres ! Comme le souligne Hans Joachim Schellnhuber, fondateur et directeur du Potsdam Institute for Climate Impact Research (PIK), « les réponses du système-Terre au changement climatique semblent être non-linéaires. Si nous nous aventurons au-delà du seuil de sécurité de + 2 °C, vers la barre des + 4 °C, le risque de dépasser les points de basculement augmente fortement ».

Cette approche s'applique très bien aux systèmes agricoles et aux systèmes humains, qui comportent également des points de rupture écologiques, économiques ou socioculturels : la gestion des forêts sèches de Madagascar (dont la destruction bouleverse l'économie locale), la production du fromage Fédou dans la région des Causses (dont le système pastoral est très fragile), ou l'émergence de « buzz » sur les réseaux sociaux[184].

La présence de ces points de basculement est souvent due à la grande connectivité et à l'homogénéité des systèmes (voir chapitre 7), associées à des effets en cascade et des boucles de rétroaction. En effet, un système complexe vivant (écosystèmes, organismes, sociétés, économies, marchés, etc.) est constitué d'innombrables boucles de rétroaction entrelacées, qui maintiennent le système stable et relativement résilient. À l'approche d'un point de rupture, il suffit d'une petite perturbation, d'une goutte d'eau, pour que certaines boucles changent de nature et entraînent l'ensemble du système dans un chaos imprévisible et bien souvent irréversible. Soit le système en meurt, soit il atteint un autre état d'équilibre, certes à nouveau plus résilient et plus stable, mais souvent très inconfortable (pour nous).

À un niveau global, le système économique mondial et le système-Terre sont deux systèmes complexes soumis aux mêmes dynamiques non-linéaires et contenant aussi des points de basculement. En témoignent deux études récentes, l'une analysant les risques d'une crise financière systémique globale qui provoquerait un effondrement économique majeur dans un laps de temps très court[185], et l'autre envisageant la possibilité que l'« écosystème global » s'approche dangereusement d'un seuil de basculement, au-delà duquel la vie sur Terre deviendrait impossible pour la majorité des espèces présentes[186]. C'est la fameuse étude publiée en 2012 dans la revue *Nature* par une équipe internationale de 24 chercheurs, et dont les médias se faisaient l'écho en annonçant (exagérément) : « la fin du monde prévue pour 2100[187] ». Même si de tels basculements globaux sont déjà arrivés par le passé[188] (cinq extinctions de masse, des transitions vers des époques glaciaires, ou le changement de composition de l'atmosphère précédant l'explosion de la vie du Cambrien), les auteurs indiquent qu'ils ont été rares, et que rien n'est encore sûr pour la situation présente vu la complexité de l'affaire ainsi que les difficultés à mesurer tous les paramètres[189]. Cependant, ils réunissent un faisceau d'indices montrant que nous, les humains, avons la capacité de bouleverser radicalement et rapidement l'ensemble du système-Terre, et que nous en avons pris le chemin.

Cette science naissante des changements catastrophiques est remarquable car elle change totalement la connaissance de la gravité des bouleversements que notre modèle de développement industriel provoque. Nous savons désormais que chaque année qui passe, et donc chaque petit pas vers une intensification des « crises », ne produit pas des effets proportionnels prévisibles, mais augmente *plus que proportionnellement* les risques de catastrophes soudaines, imprévisibles et irréversibles.

4.

LA DIRECTION EST-ELLE BLOQUÉE ?

Savez-vous quelle est l'origine de l'agencement des lettres AZERTY (et QWERTY) sur les claviers que nous utilisons tous ? Pour avoir la réponse, il faut remonter au temps des vieilles machines à écrire qui utilisaient un ruban d'encre défilant frappé par des blocs de métal placés au bout de fines tiges. La disposition des lettres a une fonction bien précise, pensée par les ingénieurs de l'époque : maintenir le rythme des tiges le plus constant possible afin d'éviter qu'elles ne s'emmêlent. Ainsi, des lettres parmi les plus courantes de notre langue (« a », « s », « p », « m », etc.) ont été attribuées à des doigts plus « faibles » afin d'homogénéiser le rythme de frappe[190].

Aujourd'hui, les claviers numériques plats n'ont plus besoin de telles précautions. Certains ingénieurs ont donc inventé un nouveau type de clavier beaucoup plus performant et rapide que l'AZERTY : le DVORAK. Mais qui utilise un clavier DVORAK ? Personne. Nous nous trouvons donc dans la situation absurde où les vieilles machines à écrire ont disparu, mais où tout le monde utilise encore l'ancien système technique qui les accompagnait, et qui s'avère moins performant pour notre époque.

Dans un tout autre domaine, il est aujourd'hui bien démontré que des systèmes alternatifs d'agriculture, comme l'agroécologie, la permaculture ou la microagriculture bio-intensive[191], peuvent produire – avec beaucoup moins d'énergie – des rendements à l'hectare comparables ou même supérieurs à l'agriculture industrielle, sur de plus petites surfaces, tout en reconstruisant les sols et les écosystèmes, en diminuant les impacts sur le climat et en restructurant les communautés paysannes[192]. Le « Grupo de Agricultura Orgánica » (GAO) de Cuba a reçu le prix Nobel alternatif (Right Livelyhood Award) en 1999 pour avoir démontré cela de manière concrète et à grande échelle[193]. Aujourd'hui, l'agroécologie est même reconnue et promue à l'ONU[194] et à la FAO[195]. Alors pourquoi ces alternatives performantes et crédibles ne décollent-elles pas ? Pourquoi sommes-nous toujours « prisonniers » de l'agriculture industrielle ?

La réponse se trouve dans la structure même de notre système d'innovation. En fait, lorsqu'une nouvelle technologie plus performante fait son apparition, elle ne s'impose pas automatiquement. Loin de là ! Il est même souvent très difficile de changer de système à cause d'un phénomène que les historiens et sociologues de l'innovation appellent le « verrouillage sociotechnique » (*lock-in*).

Nous nous arrêtons tous à la station-service pour remplir notre réservoir parce que nos ancêtres (certains d'entre eux) ont *à un moment* décidé de généraliser l'utilisation du moteur thermique, de la voiture et du pétrole. Nous sommes coincés dans les choix technologiques de ces ancêtres. Les trajectoires technologiques actuelles sont donc en grande partie déterminées par notre passé et, bien souvent, les innovations technologiques ne font que tenter de résoudre les problèmes des précédentes. Cette évolution « dépendante-au-sentier » (*path dependant*) peut, de multiples façons, conduire à des « culs-de-sac technologiques », nous enfermant dans des choix de plus en plus contre-productifs.

Comment un système se verrouille

Prenons deux autres exemples, le système électrique et le transport automobile[196]. Dans le premier cas, lorsqu'une ou plusieurs centrales électriques thermiques sont installées dans une région, il s'enclenche un cycle d'autorenforcement. Le gouvernement, par l'intermédiaire d'incitants économiques ou de législations favorables, pérennise le système de production électrique en permettant aux investisseurs de le développer et donc de prévoir la génération de centrales suivantes, plus performantes. Progressivement, la croissance de ce système technique génère une économie d'échelle et une baisse des coûts qui, en retour, augmentent la disponibilité du système pour un plus grand nombre d'utilisateurs. Ce faisant, le système électrique entre dans les habitudes des consommateurs, et le prix de l'électricité, devenu abordable, favorise non seulement son expansion, mais aussi une consommation croissante d'énergie. Ensuite, ce système sociotechnique se généralise et donne lieu à une multitude d'innovations secondaires qui permettent de l'améliorer et de le consolider. Enfin, la demande augmentant, le gouvernement prend des mesures favorables à son expansion, et ainsi de suite… décuplant ainsi la dominance du système électrique. Le verrouillage apparaît lorsque des nouvelles niches techniques, par exemple des systèmes énergétiques alternatifs plus efficaces, n'arrivent plus à émerger *à cause* du système énergétique dominant qui ne laisse plus d'espace à la diversité.

Pour le transport automobile, un cycle similaire s'est mis en place. En promouvant la densification des infrastructures routières, les gouvernements intensifient l'usage qu'en font déjà les conducteurs (car ils peuvent aller toujours plus loin et plus vite), et permettent à de nouveaux utilisateurs de bénéficier de ces infrastructures. L'usage croissant du système routier favorise l'investissement et l'aide publique. Le revenu des taxes croît de manière vertigineuse, permettant ainsi au système de s'étendre, et même de détruire les autres systèmes de transports plus efficaces, comme cela a été le cas aux États-Unis avec la destruction du système de tramways au début du XXe siècle par General Motors, Standard Oil et Firestone avec l'aide du gouvernement[197].

Le côté autoréférentiel de ce processus est fondamental. Plus ce système dominant se renforce, plus il a les moyens de conserver sa domination. Il phagocyte l'ensemble des ressources disponibles et empêche « mécaniquement » l'émergence d'alternatives, alors que c'est précisément à ses débuts qu'une innovation a besoin de soutien et d'investissement. Dit autrement, les « petites pousses » ne sont pas en mesure de rivaliser avec le grand arbre qui leur fait de l'ombre. Le drame est qu'en empêchant les petits systèmes à la marge de s'épanouir, on se prive de solutions potentielles pour l'avenir.

Les mécanismes de verrouillage sont nombreux et très divers. Il y a d'abord les aspects purement techniques. Par exemple, un système dominant peut décider de la compatibilité (ou pas) entre les objets introduits sur le marché par de petits concurrents émergents comme c'est souvent le cas dans le domaine de l'informatique.

Il y a aussi des aspects d'ordre psychologique. Par exemple, une équipe de recherche de l'université d'Indiana aux États-Unis a montré que les investissements pour la conception de technologies innovantes dépendaient plus des trajectoires du passé que des souhaits pour l'avenir[198]. Les investisseurs ne sont pas aussi téméraires qu'on pourrait le penser, ils ont tendance à préférer investir dans ce qui fonctionne déjà et ce que les ingénieurs peuvent améliorer, plutôt que dans un système inconnu qui n'a pas encore fait ses preuves. Cela pourrait expliquer, au passage, pourquoi nous avons tant de mal à essayer de nouveaux systèmes politiques réellement innovants... Dans le même esprit, un facteur de blocage psychologique très important est lié à l'inertie des comportements individuels, à la réticence au changement des individus. Lorsqu'un système est implanté, il crée des habitudes dont nous avons du mal à nous défaire : les sacs plastique des supermarchés, la vitesse de 130 km/h sur les autoroutes, etc.

Il y a aussi des mécanismes institutionnels, comme les cadres légaux et réglementaires, qui empêchent l'émergence de nouvelles « niches sociotechniques », comme la régulation des pesticides agricoles qui bloque le développement des préparations naturelles, ou les lois sur les semences qui étouffent l'innovation semencière paysanne. On peut aussi citer la difficulté qu'ont les gouvernements à renoncer à des grands programmes de subvention. Au niveau mondial, par exemple, l'ensemble des subventions accordées aux énergies fossiles était de 550 milliards de dollars en 2013 (contre 120 milliards pour les énergies renouvelables)[199]. L'inertie institutionnelle d'un système se reflète aussi dans la construction de grands projets écologiquement destructeurs et économiquement inutiles, où des investissements massifs sont engagés sur la base de décisions remontant à une époque où les conditions (économiques, sociales ou environnementales) n'étaient pas les mêmes qu'aujourd'hui.

Enfin, un autre mécanisme institutionnel de verrouillage est simplement l'existence d'infrastructures très lourdes liées à une source d'énergie. En effet, le recyclage des centrales nucléaires ou des raffineries de pétrole n'est pas une mince affaire ! Changer de type d'énergie revient à renoncer à tout ce que les institutions ont investi et construit dans le passé, et qui a encore des conséquences économiques et sociales sur le présent et sur le futur. En psychologie sociale, ce mécanisme est appelé le « piège abscons[200] » et désigne la tendance des individus à persévérer dans une action, même lorsque celle-ci devient déraisonnablement coûteuse ou ne permet plus d'atteindre les objectifs. En matière de vie affective, par exemple, c'est cette tendance à rester avec un partenaire qu'on n'aime plus, parce qu'« on ne peut pas avoir vécu toutes ces années pour rien »...

Mais, rétorqueront certains, la raison d'être d'une institution n'est-elle pas justement de *conserver* un patrimoine accumulé, une trajectoire sociotechnique, un certain ordre social ? Certes, mais le problème vient du fait que ce sont précisément les institutions dédiées à l'innovation (recherche publique et privée) qui sont accaparées par le système sociotechnique dominant. En sciences agronomiques, par exemple, un doctorant en agroécologie trouvera aujourd'hui sur son parcours infiniment plus d'obstacles et moins de crédits qu'un doctorant en agrochimie ou en ingénierie génétique[201]. Sans compter qu'il publiera beaucoup plus difficilement dans des revues scientifiques « prestigieuses » et aura donc moins de chance de faire carrière dans la recherche. Et Jean Gadrey, ancien professeur d'économie à l'université de Lille, de s'insurger : « Allez donc confier [l'agriculture du futur] à une académie des "meilleurs experts" de l'INRA où, sur 9 000 postes, on ne trouve que 35 emplois en équivalent temps plein dans les recherches sur l'agriculture biologique[202] ! »

Des mécanismes de verrouillage peuvent être également décelés dans les principes d'action collective. Par exemple, les citoyens impliqués dans la lutte contre le réchauffement climatique et la construction d'un monde « post-carbone » se comptent par dizaines de millions (on le voit dans les campagnes de sensibilisation, les manifestations, les pétitions et les débats), mais ils sont dispersés et peu coordonnés (sans compter qu'ils utilisent comme tout le monde les énergies fossiles pour vivre). À l'opposé, les personnes engagées dans la production d'énergie à partir de combustibles fossiles sont bien moins nombreuses. Le groupe Total, par exemple, compte 100 000 « collaborateurs » (dont certains sont probablement persuadés qu'il faut lutter contre le réchauffement climatique) qui sont beaucoup mieux organisés et disposent de fonds considérables (22,4 milliards d'euros d'investissements bruts en 2013). Bref, un système technique en place se donne les moyens de résister au changement.

Ne soyons toutefois pas naïfs, le verrouillage n'est pas que « mécanique », il est aussi le résultat de campagnes de lobbying intenses. En France, par exemple, afin de pouvoir

« évacuer » la production nucléaire d'électricité (qu'il est très difficile de stocker), certains entrepreneurs proposent encore d'installer un chauffage électrique dans les nouvelles constructions, ce qui est une aberration thermodynamique (car l'électricité est une énergie « noble », on peut en faire beaucoup d'autres choses que de la simple chaleur). Ces campagnes peuvent même sortir du cadre légal. En 1968, General Electric pratiquait un marketing agressif pour imposer aux promoteurs immobiliers ce même type de chauffage, « allant jusqu'à menacer les promoteurs de ne pas raccorder leurs lotissements s'ils proposaient d'autres sources d'énergie[203] ». Le développement de l'énergie solaire aux États-Unis dans ces années-là a donc été étouffé alors qu'elle constituait une meilleure solution technique. De la même manière, pour faire basculer le monde paysan dans le système des pesticides (la fameuse « révolution verte »), les firmes agrochimiques ont dû déployer une énergie considérable, et des sommes folles ont été dépensées[204], comme en témoignent des images d'entomologistes qui sont allés jusqu'à boire du DDT devant les sceptiques pour leur prouver que ce n'était pas toxique[205] !

Cependant, et ces derniers exemples en sont la preuve, certains verrouillages finissent un jour ou l'autre par sauter. En fait, ils ne font souvent que retarder les transitions[206]. Le problème aujourd'hui est que nous ne pouvons plus nous permettre d'attendre, et que les verrouillages sont devenus gigantesques.

Un problème de taille

Là où le problème devient sérieux, c'est que la globalisation, l'interconnexion et l'homogénéisation de l'économie ont rigidifié encore le verrouillage, en augmentant exagérément la puissance des systèmes déjà en place. Selon la thèse de l'archéologue Joseph Tainter, cette tendance apparemment inexorable des sociétés à se diriger vers de plus grands niveaux de complexité, de spécialisation et de contrôle sociopolitique, serait même l'une des causes majeures de l'effondrement des sociétés[207]. En effet, avec le temps, les sociétés se tournent progressivement vers des ressources naturelles de plus en plus coûteuses, car difficiles à exploiter (les plus faciles étant épuisées en premier), réduisant ainsi leurs bénéfices énergétiques, au moment même où elles accroissent leur bureaucratie, les dépenses de contrôle social intérieur et les budgets militaires, afin de simplement maintenir un *statu quo*. Verrouillé par toute cette complexité, le métabolisme de la société atteint un seuil de rendements décroissants qui la rend de plus en plus vulnérable à l'effondrement.

En se mondialisant, notre société industrielle a atteint des niveaux extrêmes de complexification, et, comme nous l'avons vu précédemment, entre dans une phase de rendements décroissants. Mais elle a surtout dangereusement étendu ses verrouillages sociotechniques. En effet, une fois qu'un système s'implante dans une région ou un pays, il devient économiquement très compétitif, voire techniquement efficace, et se répand rapidement dans d'autres pays par effet de contagion. L'efficacité des systèmes en place rend ensuite difficile de sortir de ce paradigme, surtout lorsqu'on instaure une compétition entre tous les pays. Ce « *global lock-in*[208] » peut être illustré par trois exemples : le système financier, le système énergétique basé sur le carbone, et la croissance.

Ces dernières années, la finance s'est concentrée en un nombre réduit d'immenses institutions financières[209]. En Grande-Bretagne, par exemple, la part de marché des trois plus grandes banques est passée de 50 % en 1997 à presque 80 % en 2008. Ce phénomène de concentration a obligé les États à donner des garanties bancaires implicites, ce qui a érodé la discipline du marché et a encouragé les banques à prendre des risques excessifs, sans compter que les liens sont devenus « très étroits » entre ces institutions et les gouvernements... C'est ainsi que quelques institutions financières et multinationales[210] sont devenues « *too big to fail* » (trop grandes pour faire faillite) ou « *too big to jail* » (trop grandes pour aller en prison).

L'histoire du carbone et de son complexe techno-industriel est probablement le plus grand verrouillage de l'histoire. « Les "conditions initiales", l'abondance de charbon ou de pétrole, mais aussi des décisions politiques encourageant une source d'énergie plutôt qu'une autre [ont déterminé] les trajectoires technologiques sur une très longue durée[211]. » Aujourd'hui, si on retire le pétrole, le gaz et le charbon, il ne reste plus grand-chose de notre civilisation thermo-industrielle. Presque tout ce que nous connaissons en dépend : les transports, la nourriture, les vêtements, le chauffage, etc. La puissance économique et politique des majors du pétrole et du gaz est devenue démesurée, à tel point que 90 entreprises mondiales ont été à elles seules responsables de l'émission de 63 % des émissions mondiales de gaz à effet de serre depuis 1751[212]. Pire, les partisans de la transition énergétique (vers les renouvelables) ont besoin de cette puissance thermique pour construire un système énergétique alternatif. Le paradoxe est alors plutôt cocasse : pour espérer survivre, notre civilisation doit lutter contre les sources de sa puissance et de sa stabilité, c'est-à-dire se tirer une balle dans le pied ! Quand la survie de la civilisation dépend totalement d'un système technique dominant, c'est le verrouillage ultime.

Le verrouillage de la croissance procède de la même logique. La stabilité du système-dette repose entièrement sur cette croissance : le système économique mondial ne peut y renoncer s'il veut continuer à fonctionner. Cela signifie que nous avons besoin de croissance pour continuer à rembourser les crédits, à payer des pensions, ou même à empêcher la montée du chômage[213]. En fait, aucune de nos institutions n'est adaptée à un monde sans croissance, car elles ont été conçues *pour et par* la croissance. Essayez de ralentir une fusée en pleine ascension, de la faire redescendre et de la poser en douceur… Si nous sommes privés de croissance pendant trop longtemps, le système économique implose sous des montagnes de dettes qui ne seront jamais remboursées. Mais comme avec le carbone, pour que le système économique global puisse se transformer avec souplesse et agilité, il a besoin de fonctionner de manière optimale, c'est-à-dire avec une forte croissance ! Savourez alors cet autre paradoxe : ce dont la transition a besoin pour pouvoir se déployer rapidement, c'est d'une forte croissance économique. Et son corollaire : il est donc difficile d'envisager une contraction *contrôlée* du système économique global.

La puissance et l'omniprésence de ces verrouillages sociotechniques ont rendu les personnes qui en dépendent – c'est nous ! – extrêmement hétéronomes, c'est-à-dire dépourvues des capacités de se débrancher ou de simplement tenter de retrouver quelques îlots d'autonomie. Le monde politique aussi, structurellement orienté vers des choix à court terme, n'a que peu de degrés de liberté. Comme l'avoue Barack Obama, « je pense que le peuple américain a été, et continue à être, si concentré sur notre économie, nos emplois et la croissance, que si le message est quelque part d'ignorer les emplois et la croissance simplement pour traiter la question climatique, je ne pense pas que quiconque s'engagera dans cette voie. Moi je ne m'y engagerai pas[214] ».

Nous avons créé (surtout nos ancêtres) des systèmes gigantesques et monstrueux qui sont devenus indispensables au maintien des conditions de vie de milliards de personnes.

Non seulement ils empêchent toute transition, mais ils ne peuvent même plus se permettre qu'on les taquine, sous peine de s'effondrer. Comme le système est autoréférentiel, il est évident qu'on ne pourra pas trouver des solutions *à l'intérieur* du système dominant. Il faut donc cultiver les innovations aux marges. C'est tout l'objet de la transition. Mais reste-t-il encore des marges ?

Pour résumer, nous avons escaladé très rapidement l'échelle du progrès technique et de la complexité, dans ce que l'on pourrait considérer comme une fuite en avant qui s'autoentretient. Aujourd'hui, alors que la hauteur de l'échelle du progrès génère un certain vertige, de nombreuses personnes se rendent compte – avec effroi – que les échelons inférieurs de l'échelle ont disparu, et que l'ascension continue inexorablement, malgré eux. Arrêter ce mouvement ascendant et redescendre tranquillement pour retrouver un mode de vie moins complexe, sur la terre ferme, n'est plus possible… à moins de sauter de l'échelle, c'est-à-dire en subissant un choc pour celui qui le fait, ou en provoquant un choc systémique majeur si de nombreuses personnes lâchent l'échelle en même temps[215]. Ceux qui comprennent cela vivent avec une angoisse : plus la fuite en avant continuera, plus la chute sera douloureuse.

5.

COINCÉS DANS UN VÉHICULE DE PLUS EN PLUS FRAGILE

Plusieurs centaines de milliers de boulons, d'écrous et de rivets de tailles différentes, des dizaines de milliers de pièces métalliques pour les moteurs et la carrosserie, des pièces en caoutchouc, en plastique, en fibre de carbone, des polymères thermodurcissables, des tissus, du verre, des microprocesseurs... Au total, six millions de pièces sont nécessaires pour construire un Boeing 747. Pour assembler ses avions, Boeing fait appel à près de 6 500 fournisseurs basés dans plus de 100 pays et effectue environ 360 000 transactions commerciales chaque mois[216]. Telle est l'incroyable complexité de notre monde moderne.

En l'espace de 50 ans, nous avons vécu une interconnexion globale de la plupart des régions du monde. L'information, la finance, le commerce et ses chaînes d'approvisionnement, le tourisme, ainsi que les infrastructures qui sous-tendent tous ces flux, tous ces systèmes se sont étroitement connectés.

Pour le physicien Yaneer Bar-Yam, spécialiste en science des systèmes et directeur du New England Complex Systems Institute de Cambridge (États-Unis), « une société en réseau se comporte comme un organisme multicellulaire[217] » : la plupart des organes sont vitaux, on ne peut amputer une partie sans risquer la mort de l'organisme. Ce qu'a découvert ce chercheur, c'est que plus ces systèmes sont complexes, plus chaque organe devient vital pour l'ensemble de l'organisme. À l'échelle du monde, donc, tous les secteurs et toutes les régions de notre civilisation globalisée sont devenus interdépendants au point de ne pouvoir souffrir d'un effondrement sans provoquer le vacillement de l'ensemble du métaorganisme. Autrement dit, nos conditions de vie *à ce moment et à cet endroit précis* dépendent de ce qui s'est passé *il y a peu* à de nombreux endroits de la Terre. Ce qui laisse penser que, comme Bar-Yam le souligne, « la civilisation [industrielle] est très vulnérable[218] ».

Il y a trois grandes catégories de risques qui menacent la stabilité d'un système complexe : les effets de seuils (phénomènes de « tout ou rien »), les effets en cascade (« de contagion »), et l'incapacité du système à retrouver un état d'équilibre après un choc (phénomène d'hystérésis)[219]. Comme nous l'avons vu précédemment, ces risques sont bien présents dans les systèmes naturels dont nous dépendons, mais ils existent également dans nos propres systèmes, comme nous allons le voir pour la finance, les chaînes d'approvisionnement et les infrastructures physiques qui forment nos sociétés.

La finance aux pieds d'argile

Comme nous l'avons déjà vu, le système financier international est devenu un réseau complexe de créances et d'obligations qui relie les bilans comptables d'un grand nombre d'intermédiaires[220]. On peut mesurer cette complexification à l'aune de la masse croissante des réglementations qu'il a fallu mettre en place pour gérer cela. Par exemple, les accords de Bâle, qui visent à garantir un niveau minimal de capitaux propres afin d'assurer la solidité financière des banques, contenaient 30 pages en 1988 (Bâle I), 347 en 2004 (Bâle II), et 616 en 2010 (Bâle III). Les documents nécessaires à l'implémentation de ces accords entre pays signataires, par exemple pour les États-Unis, contenaient 18 pages en 1998, et environ 30 000 pages aujourd'hui[221] !

Le système a aussi gagné en vitesse et en sophistication. Grâce au trading à haute fréquence, des ordres d'achat et de vente peuvent être effectués automatiquement à des vitesses de l'ordre du millionième de seconde à l'aide d'ordinateurs de plus en plus puissants[222]. Les opérateurs ont aussi innové en concoctant de nouveaux produits financiers, les dérivés de crédit (CDS et CDO), dont le volume a littéralement explosé. Selon les statistiques de la Banque des règlements internationaux (BRI), le marché des produits dérivés s'élevait à 710 000 milliards en décembre 2013[223], soit approximativement 10 fois la taille du PIB mondial.

Le problème est que la concentration des acteurs, la complexité et la vitesse du système financier, et le fossé croissant entre la réglementation et les « innovations » des traders, ont rendu le système financier très fragile[224]. Les chocs peuvent désormais se répandre très rapidement à tout le réseau[225]. Mais aussi, la complexité peut elle-même être à l'origine d'une crise : lorsque les conditions économiques se détériorent (faillite de clients ou réduction de la valeur boursière des actifs qu'elles détiennent), les banques éprouvent tellement de difficultés à évaluer l'ensemble des connexions qu'elles entretiennent avec les autres banques, qu'une méfiance généralisée s'installe et provoque une vente en catastrophe d'actifs (*fire sales*), qui se termine par un gel des transactions[226]. C'est ce qui s'est passé en 2008.

Pire, pour éviter un effondrement économique après cette dernière crise, les gouvernements ont pris des mesures dites « non-conventionnelles ». Prises de panique devant l'ampleur de la crise, les banques centrales ont procédé à des assouplissements quantitatifs, soit l'équivalent moderne de la planche à billets. Elles ont acheté des bons du trésor (ce qui revient à prêter à l'État) et d'autres titres financiers, ce qui a permis de fluidifier la circulation de l'argent sur les marchés et ainsi d'éviter une paralysie totale du secteur. Ainsi, le bilan comptable cumulé des principales banques centrales dans le monde (étasunienne, européenne, chinoise, britannique et japonaise) est passé de 7 000 milliards avant la crise à plus 14 000 milliards aujourd'hui[227]. Tout cet argent ne représente aucune valeur tangible. Et la tendance ne montre aucun signe réel d'essoufflement : la banque centrale japonaise a par exemple récemment décidé d'accélérer sa politique de rachat des bons du trésor pour un montant de 734 milliards de dollars par an[228]. Destinée à combattre la spirale déflationniste en cours, cette stratégie ressemble de plus en plus à une « guerre des monnaies », dans laquelle les pays répliquent les uns après les autres aux politiques monétaires de leurs « adversaires » en dévaluant leurs monnaies pour favoriser leurs industries, leurs exportations et par là même leurs taux d'emploi. Mais, selon Keynes, « il n'y a pas de moyen plus certain de subvertir la base existante de la société que de débaucher la monnaie. Le processus engage toutes les forces occultes de la loi économique dans le sens de la destruction, et le fait d'une manière que pas un homme sur un million n'est capable de diagnostiquer[229] ».

L'ennui est que les crises bancaires et monétaires ne se limitent pas au seul secteur financier. Elles affectent l'activité économique en détruisant la cohésion sociale et la confiance des consommateurs. Les économies sombrent en récession ce qui en retour creuse les déficits des États. L'Eurozone, par exemple, a vu sa dette publique augmenter de plus de 3 000 milliards d'euros (+ 50 %) en l'espace de 6 ans pour s'établir à un total de 9 000 milliards d'euros, soit 90 % de son PIB[230]. Si certains prétendent aujourd'hui que l'activité économique a pu se stabiliser après cet effort considérable, les pays n'ont pas pour autant vu leur chômage reculer et les tensions sociales diminuer. Bien au contraire…

Des chaînes d'approvisionnement sur le fil du rasoir

Durant les dernières décennies, l'économie réelle s'est aussi fortement interconnectée grâce à la mise en place d'un gigantesque réseau de chaînes d'approvisionnement qui facilite le flux continu de biens et de services, des producteurs jusqu'aux consommateurs. Aujourd'hui, les entreprises fonctionnent « à l'international » : pour maximiser les profits, elles délocalisent et sous-traitent tout ce qu'elles peuvent. Leurs nouvelles pratiques de management se concentrent sur l'efficacité (la chasse aux « coûts cachés ») et favorisent les approvisionnements à flux tendus pour éviter de conserver des stocks devenus trop coûteux. Les derniers stocks vitaux de pétrole et de nourriture que possèdent encore les États suffisent pour tenir seulement quelques jours, voire quelques semaines. Pour le pétrole, par exemple, la France a l'obligation de stocker au minimum 90 jours d'importation nette[231].

En augmentant la longueur et la connectivité de ces chaînes d'approvisionnement, et en réduisant les stocks à néant, le système économique mondial a gagné en efficacité ce qu'il a perdu en résilience. Comme pour la finance, la moindre perturbation peut désormais provoquer des dégâts considérables et se propager comme une traînée de poudre à l'ensemble de l'économie. L'exemple des inondations de 2011 en Thaïlande est éloquent. Suite à des fortes pluies et à quatre tempêtes tropicales intenses, de nombreuses entreprises thaïlandaises, de l'agriculture à la fabrication d'ordinateurs et de puces électroniques, furent affectées par les inondations. Dans ce grand pays producteur de riz, la production annuelle s'est effondrée de 20 % ; la production mondiale de disques durs a chuté de 28 %, ce qui a fait flamber les prix ; la production d'ordinateurs, d'appareils photo et vidéo digitaux s'est arrêtée. La montée des eaux dévasta également les usines de Honda, Nissan et Toyota qui durent toutes stopper leur production. Le Forum économique mondial faisait remarquer en 2012 que tout cela était dû à « des chaînes d'approvisionnement efficaces qui ne laissaient pas de place à des événements catastrophiques[232] ».

Les sources potentielles de perturbations des chaînes d'approvisionnement peuvent être d'origine naturelle (tremblements de terre, tsunami, ouragans, etc.), mais aussi d'origine humaine par l'intermédiaire d'erreurs administratives ou d'actes terroristes. En janvier 2012, la stratégie nationale de la Maison-Blanche pour la sécurité des chaînes d'approvisionnement s'inquiétait de la possibilité que des réseaux criminels et terroristes « cherchent à exploiter le système ou à l'utiliser comme moyen d'attaque[233] ». Déjà en 2004, le secrétaire américain à la Santé Tommy Thompson déclarait : « Je ne comprends pas pourquoi les terroristes n'ont pas attaqué notre système d'approvisionnement de nourriture, c'est tellement facile à faire[234]. » L'année suivante, une équipe de l'université de Stanford en Californie a montré que la contamination par une toxine botulique d'un seul silo de 200 000 litres de lait aux États-Unis pouvait tuer 250 000 personnes avant même que l'on ne découvre l'origine de la contamination[235].

Certains chercheurs ont décrit comment les chaînes d'approvisionnement mondialisées avaient contribué à l'effondrement du commerce mondial durant la crise de 2008[236]. D'autres ont développé des modèles macroéconomiques pour tenter de comprendre ces mécanismes de contagion[237]. Ils découvrent que, à l'instar du système financier global, les contagions dans les réseaux d'approvisionnement peuvent désormais être comparées aux effets en cascade des chaînes trophiques (que nous avons vus dans le chapitre sur la biodiversité)[238]. Le choc, par exemple l'insolvabilité d'un fournisseur, se propage verticalement, puis horizontalement en déstabilisant les concurrents. Pour couronner le tout, les chaînes d'approvisionnement sont d'autant plus fragiles qu'elles dépendent de la bonne santé du système financier qui offre les lignes de crédits indispensables à toute activité économique.

Des infrastructures à bout de souffle

Allons plus loin. Les réseaux d'approvisionnement et les systèmes financiers fonctionnent sur un socle physique : les réseaux d'infrastructures, qui sont eux aussi de plus en plus sophistiqués et interconnectés. Il s'agit des réseaux de transport routier, maritime, aérien ou de chemin de fer mais aussi les réseaux électriques et de télécommunications (dont Internet).

Ces infrastructures physiques sont les grands piliers de nos sociétés, et sont (ô surprise !) également sujettes à des risques accrus de vulnérabilité systémique. Par exemple, toutes les transactions bancaires mondiales passent par un petit organisme appelé SWIFT (le fameux code BIC), qui possède seulement trois centres de données, un aux États-Unis, un aux Pays-Bas et un nouveau en Suisse. Il fournit des services de messagerie standardisée de transfert interbancaire et des interfaces à plus de 10 500 institutions dans plus de 225 pays, pour un montant de transactions journalières total se chiffrant en milliers de milliards de dollars[239]. Si pour l'une ou l'autre raison, comme des attaques terroristes ou des cyberattaques, ces centres névralgiques sont touchés, les conséquences pourraient être dramatiques pour l'ensemble de l'économie.

Les réseaux de transport sont aussi des vecteurs potentiels d'instabilité. Par exemple, l'éruption du volcan islandais

Eyjafjallajökull en 2010 a forcé les transporteurs aériens à suspendre le trafic pendant six jours consécutifs, affectant significativement le commerce mondial. Parmi toutes les conséquences de cette éruption, on a pu recenser aussi bien des pertes d'emploi au Kenya que des annulations d'opérations chirurgicales en Irlande, ou l'arrêt de trois lignes de production de BMW en Allemagne[240].

En 2000, suite à l'augmentation des prix du diesel, 150 camionneurs en grève ont bloqué les grands dépôts de carburant de Grande-Bretagne. Quatre jours seulement après le début de la grève, la plupart des raffineries du pays avaient stoppé leurs activités, forçant le gouvernement à prendre des mesures pour protéger les réserves restantes. Le jour suivant, des gens se ruèrent dans les supermarchés et les épiceries pour stocker de la nourriture. Un jour plus tard, 90 % des stations-service étaient hors-service et le système de santé publique (NHS) commença à annuler des opérations chirurgicales non-essentielles. Les livraisons postales de la Royal Mail stoppèrent et les écoles dans de nombreuses villes et villages fermèrent leurs portes. Les grands supermarchés comme Tesco et Sainsbury's introduisirent un système de rationnement et le gouvernement fit appel à l'armée pour escorter les convois de biens vitaux. Finalement, les grévistes cessèrent leur action devant la pression de l'opinion publique[241]. Selon Alan McKinnon, auteur d'une analyse de cet événement et professeur de logistique à l'université de Heriot-Watt à Édimbourg, si cela venait à se reproduire, « après une semaine, le pays serait plongé dans une crise sociale et économique profonde. Cela prendrait des semaines pour que la plupart des systèmes de production et de distribution puissent récupérer. Certaines entreprises ne récupéreraient jamais[242] ». Un rapport de l'association américaine de transport routier[243], qui partage ces inquiétudes, illustre son propos par une description chronologique des effets en cascade qui pourraient se produire (voir *encadré 1*).

Les raffineries fournissent le carburant nécessaire au transport routier, mais aussi aux trains qui approvisionnent en charbon les principales centrales électriques. Or, ces dernières, qui fournissent 30 % de l'électricité de Grande-Bretagne, 50 % des États-Unis et 85 % de l'Australie, ont en moyenne 20 jours de réserves de charbon[244]. Mais sans électricité, il est impossible de faire fonctionner les mines de charbon et les oléoducs ! Impossible aussi de maintenir les systèmes de distribution d'eau courante, les chaînes de réfrigération, les systèmes de communication ou les centres informatiques et bancaires...

Quand les camions s'arrêtent, les États-Unis s'arrêtent

Chronologie de la détérioration des principaux secteurs d'activité après l'arrêt du transport par camions

Durant les premières 24 heures

- La livraison de fournitures médicales cessera dans la zone touchée.
- Les hôpitaux seront à court de fournitures de base telles que les seringues et les cathéters.
- Les stations-service commenceront à manquer de carburant.
- Les usines qui fonctionnent en flux tendu subiront des pénuries de pièces.
- La poste et les autres livraisons de colis cesseront.

Après un jour

- Les pénuries alimentaires apparaîtront.
- Les carburants ne seront plus facilement disponibles, conduisant à une flambée des prix et à de longues files d'attente aux stations-service.
- Sans les pièces nécessaires aux usines et les camions pour la livraison des produits, les lignes d'assemblage s'arrêteront, mettant des milliers de travailleurs au chômage technique.

Après deux à trois jours

- Les pénuries alimentaires s'aggraveront, en particulier si les consommateurs paniquent et constituent des réserves.

- Les fournitures essentielles comme l'eau en bouteille, le lait en poudre et la viande en conserve disparaîtront des grands détaillants.
- Les distributeurs automatiques seront à court de billets et les banques ne pourront pas traiter certaines transactions.
- Les stations-service seront à court de carburant.
- Les poubelles s'accumuleront dans les zones urbaines et suburbaines.
- Les porte-conteneurs s'immobiliseront dans les ports et le transport ferroviaire sera perturbé, avant de s'immobiliser.

Après une semaine

- Les voyages en automobile cesseront en raison du manque de carburant. Sans voitures ni bus, de nombreuses personnes ne seront pas en mesure de se rendre au travail, faire leurs courses ou accéder aux soins médicaux.
- Les hôpitaux commenceront à épuiser leurs réserves d'oxygène.

Après deux semaines

- L'eau potable commencera à manquer.

Après quatre semaines

- Le pays aura épuisé son eau potable et il ne sera possible de la boire qu'après ébullition. En conséquence les maladies gastro-intestinales augmenteront, mettant d'autant plus sous pression un système de soins de santé déjà affaibli.

Une étude récente menée par des chercheurs de l'université de Auckland a comptabilisé une cinquantaine de black-out électriques majeurs qui ont affecté 26 pays durant la dernière décennie[245]. Les chercheurs remarquent que ces pannes ont pour cause la fragilité de réseaux inadaptés à l'intermittence des énergies renouvelables, à la déplétion des énergies fossiles et aux événements climatiques extrêmes. Les conséquences de ces pannes sont les mêmes partout : rationnement d'électricité, dégâts financiers et économiques, risques pour la sécurité alimentaire, dysfonctionnement des transports, arrêts de stations d'épuration et d'antennes GSM, et augmentation des crimes et des troubles sociaux.

Par ailleurs, de nombreux réseaux de transport, d'électricité et de distribution d'eau dans les pays de l'OCDE ont plus de 50 ans d'existence (dans certains cas plus d'un siècle) et fonctionnent déjà au-delà de leurs capacités maximales[246]. Depuis la crise économique de 2008, il n'est pas rare de voir les gouvernements retarder ou geler les investissements nécessaires à leur entretien ou à la construction de nouveaux réseaux, ce qui rend le système d'infrastructures d'autant plus vulnérable. Aux États-Unis, par exemple, 70 000 ponts (soit un sur neuf) sont considérés comme structurellement déficients et 32 % des routes sont en mauvais état[247]. Ce qui fait dire à Ray LaHood, ancien secrétaire aux Transports sous la présidence d'Obama : « Notre infrastructure est actuellement sous perfusion. [...] Elle tombe en ruine parce que nous n'avons pas réalisé les investissements nécessaires et nous n'avons pas l'argent [pour le faire][248]. »

La leçon à tirer de tous ces exemples est simple : plus le niveau d'interdépendance des infrastructures est élevé, plus de petites perturbations peuvent avoir des conséquences importantes sur l'ensemble d'une ville ou d'un pays.

Quelle sera l'étincelle ?

Jusqu'ici nous avons vu que ces risques systémiques s'étaient matérialisés par des pertes limitées et des blocages passagers à des endroits bien localisés et à des moments précis. La question est maintenant de savoir si une rupture dans le système financier, les chaînes d'approvisionnement ou les infrastructures peut se propager à l'ensemble de l'économie mondiale et provoquer son effondrement.

Selon David Korowicz, spécialiste des risques systémiques, la réponse est oui et l'étincelle pourrait venir de deux endroits[249]. Le premier est le pic pétrolier, qui mettrait à mal notre système monétaire de réserves fractionnaires (basé sur la dette), comme nous l'avons vu au chapitre 2. Le second est un déséquilibre global du système financier. Dans les deux cas, l'effondrement économique global passerait par une phase de perte de confiance généralisée, elle-même causée par l'insolvabilité des États et des banques.

Pour étayer son propos, Korowicz décrit un scénario de

contagion qui débute par une faillite désordonnée d'un État de la zone euro. Cette « crise » sèmerait la panique dans le secteur bancaire pays après pays, puis se transmettrait aux économies, c'est-à-dire à tous les secteurs d'activité, et finirait par muter en crise alimentaire au bout de quelques jours. En moins de deux semaines, la crise se répandrait de manière exponentielle à travers le monde. Au bout de trois semaines, certains secteurs vitaux ne pourraient plus redémarrer leur activité (voir chapitre 9).

Dans un autre ordre d'idées, une pandémie sévère pourrait aussi être la cause d'un effondrement majeur[250]. Pour cela, pas besoin qu'un virus décime 99 % de la population humaine, seul un faible pourcentage suffirait. En effet, lorsqu'une société se complexifie, la spécialisation des tâches devient de plus en plus poussée, et fait émerger des fonctions-clés dont la société ne peut plus se passer. Tel est par exemple le cas des transporteurs routiers qui approvisionnent le pays en carburant, de certains postes techniques de centrales nucléaires, ou des ingénieurs qui maintiennent des « hubs » informatiques, etc. Pour Bar-Yam, « l'un des plus profonds résultats de la recherche sur les systèmes complexes est de constater que, lorsqu'un système devient hautement complexe, les individus deviennent importants[251] ».

Selon Jon Lay, à la tête d'un plan global d'urgence d'Exxon Mobil qui simulait les effets d'un retour de la grippe de 1918, « si nous parvenons à persuader les gens qu'il est sans danger de venir travailler, nous pensons que nous aurions environ 25 % d'absences[252] ». Dans ce cas, si tout est mis en place pour préserver les postes importants, il n'y aura pas de conséquences graves. « Mais si nous avons 50 % d'absences, c'est une tout autre histoire. » Et si aux malades s'ajoutent les personnes qui restent à la maison par peur de la pandémie, les effets en cascade pourraient être catastrophiques. Au-delà de quelques jours, tout le système peut s'éteindre. En 2006, des économistes ont simulé les effets qu'aurait la grippe de 1918 sur le monde d'aujourd'hui. Résultat : 142 millions de morts dans le monde, et une récession économique qui amputerait le PIB mondial de 12,6 %[253]. Dans ce scénario, le taux de mortalité était de 3 % (des personnes infectées). Or, pour le virus H5N1 ou Ebola, ce taux peut dépasser 50 ou 60 %...

Certains rétorqueront qu'au Moyen Âge, la peste a décimé un tiers de la population européenne, mais qu'il n'y a pas eu d'extinction de civilisation. Certes, mais la situation était différente. Les sociétés étaient beaucoup moins complexes qu'aujourd'hui. Non seulement les économies régionales étaient compartimentées, réduisant ainsi le risque de contagion, mais la population était constituée d'une majorité de paysans. Or, une diminution d'un tiers des paysans réduit la production agricole d'un tiers, mais ne fait pas disparaître des fonctions vitales à l'ensemble de la société. Sans compter qu'à l'époque, les survivants pouvaient encore s'appuyer sur des écosystèmes non-pollués et diversifiés, de nouvelles terres arables potentielles, des forêts en relative abondance et un climat stable. Aujourd'hui, ces conditions ne sont plus réunies.

De plus, il semble qu'à ce jour peu de personnes prennent conscience de l'aspect systémique des choses, et les gouvernements se montrent particulièrement inefficaces pour tenter de trouver des issues à cette situation[254]. De leur côté, « les institutions internationales se concentrent principalement sur des problèmes simples, en ignorant les interactions de l'ensemble du système. Lutter contre le changement climatique à travers les plantations de forêts, par exemple, peut détruire les écosystèmes visés par la Convention sur la biodiversité des Nations unies. [Ou] la promotion des biocarburants peut accélérer la déforestation et éroder la sécurité alimentaire des pays pauvres[255] ».

Enfin, il est important de signaler que les systèmes sont devenus tellement complexes que même en l'absence de chocs externes, rien que par leur structure, ils peuvent subir des effondrements. En effet, au-delà d'un certain niveau de complexité, les outils technologiques de mesure ne sont même plus assez puissants pour comprendre et prévoir les comportements chaotiques de tels super-systèmes. Il est tout simplement devenu impossible de les maîtriser totalement[256] : même si les experts et les décideurs sont informés des risques (ce qui n'est pas toujours le cas), compétents (là non plus), et qu'ils disposent des meilleures technologies, ils ne peuvent pas éviter l'irruption de ruptures systémiques des réseaux globaux.

Cette « hyperglobalisation » a donc transformé l'économie mondiale en un système géant hautement complexe qui connecte et décuple les risques propres à chacun des secteurs critiques que nous avons traités. Cela a fait émerger un nouveau type de risque, le *risque systémique global*, dont les déclencheurs potentiels sont infinis, et qui peut rapidement entraîner aussi bien des petites récessions qu'une dépression économique majeure ou un effondrement généralisé.

Dans nos sociétés, très peu de gens savent aujourd'hui survivre sans supermarché, sans carte de crédit ou sans station-service. Lorsqu'une civilisation devient « hors-sol », c'est-à-dire lorsqu'une majorité de ses habitants n'a plus de lien direct avec le système-Terre (la terre, l'eau, le bois, les animaux, les plantes, etc.), la population devient entièrement dépendante de la structure artificielle qui la maintient dans cet état. Si cette structure, de plus en plus puissante mais vulnérable, s'écroule, c'est la survie de l'ensemble de la population qui pourrait ne plus être assurée.

BILAN DE LA PREMIÈRE PARTIE

Un tableau qui saute aux yeux

Reprenons notre souffle. Et résumons.

Pour se maintenir, éviter les désordres financiers et les troubles sociaux, notre civilisation industrielle est obligée d'accélérer, de se complexifier, et de consommer de plus en plus d'énergie. Son expansion fulgurante a été nourrie par une disponibilité exceptionnelle – mais bientôt révolue – en énergies fossiles très rentables d'un point de vue énergétique, couplée à une économie de croissance et d'endettement extrêmement instable. Mais la croissance de notre civilisation industrielle, aujourd'hui contrainte par des limites géophysiques et économiques, a atteint une phase de rendements décroissants. La technologie, qui a longtemps servi à repousser ces limites, est de moins en moins capable d'assurer cette accélération, et « verrouille » cette trajectoire non-durable en empêchant l'innovation d'alternatives.

Parallèlement, les sciences de la complexité découvrent qu'au-delà de certains seuils, les systèmes complexes – dont les économies ou les écosystèmes – basculent brusquement vers de nouveaux états d'équilibre impossibles à connaître à l'avance, voire s'effondrent. Nous sommes de plus en plus conscients que nous avons transgressé certaines « frontières » qui garantissaient la stabilité de nos conditions de vie, en tant que société et en tant qu'espèce. Le système climatique global, de nombreux écosystèmes ou de grands cycles biogéochimiques de la planète ont quitté la zone de stabilité que nous leur connaissions, annonçant le temps des grandes et brusques perturbations, qui en retour déstabiliseront les sociétés industrielles, le reste de l'humanité et même les autres espèces.

Le paradoxe qui caractérise notre époque – et probablement toutes les époques où une civilisation se heurtait à des limites et transgressait des frontières – est que plus notre civilisation gagne en puissance, plus elle devient vulnérable. Le système politique, social et économique moderne globalisé, grâce auquel plus de la moitié des humains vivent, a sérieusement épuisé les ressources et perturbé les systèmes sur lesquels il reposait – le climat et les écosystèmes –, au point de dégrader dangereusement les conditions qui permettaient autrefois son expansion, qui garantissent aujourd'hui sa stabilité, et qui lui permettront de survivre.

Au même moment, la structure de plus en plus globalisée, interconnectée et verrouillée de notre civilisation la rend non seulement très vulnérable à la moindre perturbation interne ou externe, mais la soumet désormais à des dynamiques d'effondrement systémique.

Voilà où nous en sommes. Pour nous préserver de trop grandes perturbations climatiques et écosystémiques (qui sont les seules à menacer l'espèce), il faut un arrêt du moteur. Le seul chemin à prendre pour se ménager un espace sans danger est donc de stopper net la production et la consommation d'énergies fossiles, ce qui mène à un effondrement économique et probablement politique et social, voire à la fin de la civilisation thermo-industrielle.

Pour sauver le moteur de notre civilisation industrielle, il faut transgresser toujours plus de frontières, c'est-à-dire continuer à prospecter, creuser, produire et croître toujours plus vite. Cela mène inévitablement à des points de basculement climatiques, écologiques et biogéophysiques, ainsi qu'au pic des ressources, donc en fin de compte au même résultat – un effondrement économique –, à cela près qu'il pourrait être doublé d'un effondrement de l'espèce humaine, voire de presque toutes les espèces vivantes.

Aujourd'hui, nous sommes sûrs de quatre choses : 1. la croissance physique de nos sociétés va s'arrêter dans un futur proche ; 2. nous avons altéré l'ensemble du système-Terre de manière irréversible (en tout cas à l'échelle géologique des humains) ; 3. nous allons vers un avenir très instable, « non-linéaire », dont les grandes perturbations (internes et externes) seront la norme, et 4. nous pouvons désormais être soumis potentiellement à des effondrements systémiques globaux.

Ainsi, comme de nombreux économistes, climatologues, physiciens, agronomes, écologues, militaires, journalistes, philosophes, ou même politiciens (dont quelques citations ont été mises en exergue de ce livre), nous en déduisons que notre société peut s'effondrer dans un avenir proche.

Pour reprendre la métaphore de la voiture, alors que l'accélération n'a jamais été si forte, le niveau de carburant indique qu'on est sur la réserve et que le moteur, à bout de souffle, se met à fumer et à tousser. Grisés par la vitesse, nous quittons la piste balisée et dévalons, avec une visibilité quasi nulle, une pente abrupte truffée d'obstacles. Certains passagers se rendent compte que la voiture est très fragile, mais apparemment pas le conducteur, qui continue à appuyer sur le champignon !

Voir ce tableau dans son ensemble, et non à travers une ou plusieurs « crises » prises séparément, représente un saut qualitatif dans la compréhension de notre époque. L'exemple du virus Ebola est intéressant [les crises sont entre crochets] : la destruction des forêts [biodiversité] a favorisé la propagation du virus [santé], mais le nombre de personnes mortes ou inaptes au travail et les mesures de confinement ont ralenti l'activité économique [économie] et gravement perturbé les réseaux d'approvisionnement [infrastructures] et les récoltes [alimentation]. Résultat, moins de six mois après le début de l'épidémie, plus d'un million de personnes sont menacées par la faim en Afrique de l'Ouest[257] et le système de santé guinéen se trouve très fragilisé [infrastructures][258]. Qu'adviendra-t-il à la prochaine épidémie, si les systèmes de santé industriels ne sont plus capables d'assurer une telle réponse ?

De même, face à un chiffre alarmant, par exemple le pic pétrolier, le réflexe de notre culture scientifique réductionniste est de chercher spontanément des « solutions » dans le même domaine, mais qui sont souvent incompatibles avec les « crises » voisines. Connaître les interconnexions entre tous les domaines permet d'éviter de tels écueils, et permet aussi de voir qu'il y a rarement de « solutions » techniques qui n'aggravent pas la situation en consommant toujours plus d'énergie et de matériaux.

Le tableau est devenu si évident, massif et étouffant, que si, par hasard, certains chercheurs se sont trompés sur leurs conclusions, si l'un ou l'autre chiffre est faux, ou si nous nous sommes fourvoyés dans une quelconque interprétation, le raisonnement reste sensiblement le même. Le constat est finalement très résilient ! Imaginons un monde idéal, où nous réussirions à maîtriser la finance. Cela changerait-il quelque chose à la fréquence des ouragans, la fin du pétrole, la longueur des chaînes d'approvisionnement, ou l'extinction d'espèces animales ? Imaginons que nous trouvions dès demain une nouvelle source d'énergie infinie, comment pourrions-nous éviter la fin des minerais de phosphates, les déplacements de populations ou les risques systémiques globaux dus à la globalisation ? Certes, nous pourrions peut-être maintenir un semblant de civilisation industrielle quelques années de plus, mais nous chuterions probablement alors de plus haut…

Au cours de nos recherches, nous avons progressivement eu la sensation d'être cernés. Pire, nous avons constaté que toutes les « crises » étaient à ce point connectées, que l'une d'elles pouvait déclencher des effets en cascade chez les autres, comme une sorte d'« effet domino » géant. Se rendre compte de cela provoque une impression de frustration et de stupeur, la même que l'on pourrait ressentir en marchant au milieu d'un immense lac gelé recouvert d'une couche de glace de plus en plus fine. Alors qu'on s'arrête pour constater bouche bée la fragilité de notre situation, on entend autour de nous les autres hurler à l'unisson : « Aller ! On court ! On saute ! On accélère ! Faut pas s'arrêter ! »

Mais attention, même si les nouvelles sont catastrophiques, il faut reconnaître que le système économique global – et *a fortiori* la civilisation thermo-industrielle ou même le système-Terre – ne s'est toujours pas effondré. L'habitude du système économique capitaliste est même de se nourrir des crises pour grandir. C'est ce qui permet de dire à ceux qui ne croient pas à un effondrement que le doute subsiste. Et c'est vrai, il subsiste (et il subsistera encore longtemps, même après un effondrement, mais nous verrons cela au chapitre suivant). Tout cela appelle donc de nombreuses questions d'ordre psychologique, politique ou archéologique, que nous aborderons dans les chapitres 9 et 10. Avant cela, il nous faut traiter la question du temps. C'est bien beau de dire que tout va s'effondrer, mais encore faut-il donner des indices de l'imminence d'un tel événement. Car au fond, toutes les civilisations finissent par s'effondrer un jour ou l'autre. En quoi cela nous concerne-t-il, nous, les générations présentes ?

Deuxième partie

ALORS, C’EST POUR QUAND ?

6.

DES DIFFICULTÉS D'ÊTRE FUTUROLOGUE

Alors, c'est pour quand ? 2020 ? 2030 ? 2100 ? Ne vous emballez pas, nous ne ferons pas de pronostic dans ce chapitre. Car la difficulté est évidemment de savoir ce que l'on veut précisément dater. « L'événement effondrement » implique différents horizons temporels. Le rythme de la finance n'est pas le même que celui de l'élévation du niveau des mers. Les financiers parlent d'une crise imminente, car aucune leçon n'a été tirée de la crise de 2008. Les climatologues quant à eux traitent aussi bien des événements actuels que de ce qui pourrait advenir dans quelques années ou quelques décennies.

Pour tenter de savoir ce que l'avenir nous réserve, il faut partir des certitudes. Nous avons vu que les catastrophes climatiques sont déjà là et iront en s'intensifiant. Il en va de même pour l'érosion de la biodiversité, les pollutions chimiques, les guerres pour l'eau et les ressources, les grandes sécheresses, les migrations massives, les attentats terroristes, les épidémies, les crises financières, les tensions sociales dues aux inégalités, etc. Tout cela constitue un immense réservoir de perturbations potentielles (dont certaines très petites) qui peuvent à tout moment déclencher des effets en cascade à travers la structure hautement interconnectée et verrouillée du système économique mondial. Les scientifiques appellent ces petites étincelles capables de mettre le feu aux poudres des *femtorisques*, en référence à l'insignifiance apparente des causes sur leurs effets potentiels (femto = 10^{-15})[259].

Mais comment pourrions-nous encore croire à l'urgence, alors que des catastrophes sont annoncées depuis plus de 40 ans (en fait, depuis Malthus !). Dans les années 1970, de nombreux scientifiques ont tenté de prévoir l'avenir. Certains se sont trompés, comme Paul Ehrlich sur une prédiction démographique[260], mais d'autres ont vu juste comme Rachel Carson sur les problèmes liés à l'utilisation des pesticides[261], ou le météorologiste John S. Sawyer qui, dans un article publié dans la revue *Nature* en 1972, avait calculé l'écart de température et l'exact accroissement du CO_2 dans l'atmosphère, pour la période qui le séparait de l'an 2000[262].

Comment continuer à croire à toutes ces inlassables prédictions ? Et qui croire ? Les avertissements du Club de Rome datent de 1972, et leur modèle reste toujours valable (comme nous le verrons au chapitre 8), pourtant, nombreux sont ceux qui n'y croient toujours pas. Les annonces apocalyptiques auraient-elles lassé les gens ? Quarante ans d'attente, ça fait long...

Les deux époques sont cependant très différentes. Il y a un demi-siècle, l'apocalypse prenait la forme d'un hiver nucléaire qui pouvait ne jamais arriver. La peur était réelle (et des communautés survivalistes sont apparues), mais il ne s'est finalement rien passé. Aujourd'hui, les catastrophes climatiques et environnementales sont moins spectaculaires, mais elles ont bel et bien commencé. Elles ne peuvent plus ne pas avoir lieu !

Par contre, si la possibilité qu'un effondrement de la civilisation industrielle survienne est de plus en plus palpable et réelle, nous ne pouvons pas être certains de sa date. Pour prévoir l'avenir, les scientifiques construisent des savoirs à partir de données dispersées. Des prophéties millénaristes d'antan à la peur de l'hiver nucléaire contemporaine, toutes les prédictions d'effondrement de nos sociétés ont jusqu'ici échoué – tout le monde peut le constater, il n'y a pas eu d'effondrement global. Alors comment peut-on être sûr que l'on ne se trompe pas une fois de plus ? C'est simple, on ne le peut pas. Mais on peut obtenir des indices.

De la mesure des risques à l'intuition

Pour tenter de prévoir et éviter les catastrophes ou les chocs systémiques semblables à 2008, certains experts comme les assureurs tentent de développer des outils de mesure et de gestion des risques. Mais « les facteurs qui déterminent leurs conséquences et leurs impacts [...] sont souvent complexes et [en même temps] très peu compris[263] ». Les femtorisques ne peuvent donc pas être appréhendés par les outils classiques de gestion des risques. La plupart des entreprises ne disposent clairement pas des ressources adéquates et suffisantes pour évaluer ces risques.

Si par chance on parvient à identifier tous ces risques, leur évaluation et leur atténuation nécessitent une certaine transparence et une prise de responsabilité des institutions et des décideurs. Or, ceci est de plus en plus difficile à obtenir dans des systèmes hautement complexes, car les conséquences non-intentionnelles ou inconnues des actions individuelles de chacun augmentent considérablement (c'est aussi valable à l'échelle d'un État ou d'une entreprise). C'est l'*aléa moral* : on se comporte comme si l'on n'était pas soi-même exposé au risque. Certains agents se déresponsabilisent donc de leurs décisions, mais plus grave encore, bien que leurs actions puissent être considérées comme rationnelles en temps normal, elles peuvent mener à un inévitable échec collectif.

Pire, il y a des obstacles théoriques insurmontables. La science n'a pas les outils pour tout prévoir et ne les aura jamais, car il y a des événements qu'il est impossible de prévoir, ce sont les fameux « cygnes noirs[264] ». Comme l'explique le philosophe, mathématicien et ancien trader

Nicholas Nassim Taleb, les méthodes classiques d'évaluation des risques sont très peu pertinentes pour la prévision d'événements rares ou de comportements de systèmes complexes. Imaginé par Bertrand Russell et repris par Taleb, le fameux « problème de la dinde inductiviste » l'illustre à merveille. Dans l'univers d'un élevage de dindes, tout va pour le mieux dans le meilleur des mondes : l'éleveur vient tous les jours donner des grains et il fait toujours chaud. Les dindes vivent dans un monde de croissance et d'abondance... jusqu'à la veille de Noël ! S'il y avait une dinde statisticienne spécialiste de la gestion des risques, le 23 décembre, elle dirait à ses congénères qu'il n'y a aucun souci à se faire pour l'avenir...

L'économie mondiale a survécu à la crise de 2008. On peut en déduire que le système est hyperrésilient, ou qu'il s'est considérablement fragilisé, mais on ne peut pas prouver qu'il s'effondrera ou qu'il ne s'effondrera pas. Selon une distinction faite en 1921 par deux économistes, Knight et Keynes[265], les *risques* sont probabilisables, alors que l'*incertain* ne l'est pas. L'incertain est le territoire des cygnes noirs, il n'est pas quantifiable. On ne peut y naviguer avec des courbes de Gauss et autres outils de gestion des risques. D'ailleurs, cloisonnés dans leur discipline, les spécialistes du risque voient « que pour chacun des risques dont ils s'occupent, il est peu vraisemblable que l'avenir nous réserve une tragédie majeure[266] ».

Or notre société n'aime pas l'incertitude. Elle s'en sert de prétexte évident à l'inaction, et son fonctionnement repose sur sa capacité à prévoir les événements futurs. Quand celle-ci s'évanouit, nous semblons désorientés et perdons la capacité d'imaginer de vrais projets.

Alors, comment gérer les cygnes noirs ? Comment « gérer » le prochain « Fukushima » ? On ne le peut pas vraiment. Il faut plutôt lâcher prise et passer d'un mode « observer, analyser, commander et contrôler » à un mode « expérimenter, agir, ressentir et ajuster[267] ». Ouvrir la raison à l'intuition. En collapsologie, c'est l'intuition – nourrie par de solides connaissances – qui sera donc primordiale. Toutes les informations contenues dans ce livre, aussi objectives soient-elles, ne constituent donc pas une preuve formelle qu'un grand effondrement aura bientôt lieu, elles permettent seulement d'augmenter votre savoir, donc d'affiner votre intuition, et enfin d'agir avec conviction.

Les paradoxes de l'effondrement

Les réflexions du philosophe Jean-Pierre Dupuy sont très utiles pour tenter de cerner la temporalité d'un effondrement. Après les attentats du 11 septembre 2001, il s'est passé quelque chose d'étrange dans l'imaginaire des habitants des pays riches. Comme un déclic. « La pire horreur devient désormais possible a-t-on dit ici et là. » Mais, poursuit Jean-Pierre Dupuy, « si elle *devient* possible, c'est qu'elle ne l'était pas. Et pourtant, objecte le bon sens (?), si elle s'est produite, c'est bien qu'elle *était* possible ». On a donc vécu comme une « irruption du possible dans l'impossible ». Avant, ça n'existait que dans la tête de rares romanciers. Après, c'est passé du monde de l'imaginaire au monde réel.

Le philosophe Henri Bergson voyait le même phénomène avec une œuvre d'art qui, lorsqu'elle n'existe pas encore, ne peut pas être imaginable (sinon elle aurait été créée avant). Ainsi, la *possibilité* de l'œuvre d'art est créée en même temps que l'œuvre. Le temps des catastrophes, explique Dupuy, c'est cette « temporalité inversée » : l'œuvre, ou la catastrophe, ne devient possible que *rétrospectivement*. « C'est bien là la source de notre problème. Car s'il faut prévenir la catastrophe, on a besoin de croire en sa possibilité avant qu'elle ne se produise[268]. » Ce nœud est pour Dupuy le principal obstacle (conceptuel, donc) à une politique de la catastrophe.

Pour résoudre ce problème, Hans Jonas, en 1979, propose de « davantage prêter l'oreille à la prophétie de malheur qu'à la prophétie de bonheur[269] » dans les affaires qui comportent un potentiel catastrophique. Dans la même veine, Dupuy propose une posture – qu'il appelle le catastrophisme éclairé – pour arriver à naviguer dans l'incertain des catastrophes. Pour lui, les menaces grandissantes ne sont pas à prendre comme des fatalités ou des risques, mais comme des certitudes. Des certitudes pour mieux pouvoir les éviter. « Le malheur est notre destin, mais un destin qui n'est tel que parce que les hommes n'y reconnaissent pas les conséquences de leurs actes. C'est surtout un destin que nous pouvons choisir d'éloigner de nous[270]. » L'effondrement est certain, et c'est pour cela qu'il n'est pas tragique. Car en disant cela, nous venons d'ouvrir la possibilité d'éviter qu'il ait des conséquences catastrophiques.

Il y a une autre curiosité temporelle soulevée par Bergson, le fait qu'après l'arrivée d'un événement catastrophique, celui-ci n'est pas vécu comme tel, mais comme banal. Et Dupuy de commenter :

> La catastrophe a ceci de terrible que non seulement on ne croit pas qu'elle va se produire alors même qu'on a toutes les raisons de savoir qu'elle va se produire, mais qu'une fois qu'elle s'est produite, elle apparaît comme relevant de l'ordre normal des choses. Sa réalité la rend banale. Elle n'était pas jugée possible avant qu'elle se réalise ; la voici intégrée sans autre forme de procès dans le « mobilier ontologique » du monde, pour parler le jargon des philosophes[271].

L'effondrement pourrait donc devenir notre nouvelle normalité, perdant ainsi progressivement son caractère exceptionnel, donc catastrophique. Dès lors, il y a fort à parier qu'on ne décrira précisément l'effondrement de notre civilisation que bien trop tard, par les travaux d'historiens ou d'archéologues. Et il est certain que ces savants ne s'accorderont pas sur l'interprétation à donner à cet événement…

Un dernier paradoxe : si au contraire on annonce trop tôt un effondrement, c'est-à-dire maintenant, et avec trop d'autorité, par exemple à travers la voix d'un discours officiel d'un chef d'État, il est alors possible de déclencher une panique des marchés (ou des populations) et de causer par anticipation ce que l'on souhaitait justement différer. L'autoréalisation pose donc la question stratégique suivante : peut-on s'y préparer tous ensemble sans le déclencher ? Doit-on en parler publiquement ? Peut-on le faire ?

Au-delà de tous ces paradoxes et de l'impossibilité de connaître avec certitude l'occurrence des cygnes noirs, il existe tout de même quelques outils scientifiques qui permettent de récolter quelques indices sur la nature de l'avenir (et donc l'avenir de la nature).

7.
PEUT-ON DÉTECTER DES SIGNAUX AVANT-COUREURS ?

Nous avons vu au chapitre 3 que les systèmes complexes, et en particulier les écosystèmes et le système climatique, peuvent basculer brusquement vers un autre état, à la manière d'un interrupteur sur lequel on maintient une pression constante et croissante. L'imprévisibilité de ces basculements a de quoi dérouter n'importe quel décideur ou expert en stratégie, car dans nos sociétés, les choix sont habituellement basés sur les capacités que nous avons à prédire les événements. Or, sans prévisibilité forte, il est difficile d'investir financièrement, humainement ou techniquement aux bons endroits et au bon moment.

L'enjeu crucial est donc d'arriver à détecter les signes avant-coureurs de ces changements catastrophiques pour pouvoir les anticiper et réagir à temps. Plus précisément, il s'agirait d'apprendre à reconnaître la fragilité extrême d'un système qui approche un seuil de basculement, celui-là même qui ouvre la voie à la « petite étincelle ». Par exemple, dans les pâturages arides méditerranéens, lorsque la végétation montre des formes irrégulières en taches (en vue aérienne), c'est que l'écosystème n'est pas loin de basculer vers un état de désertification difficilement réversible[272]. Ce champ d'étude, celui des signaux avant-coureurs (*early warning signals*), est une discipline en plein essor.

Le « bruit » d'un système qui va s'effondrer

L'une des caractéristiques les plus fréquemment observées d'un système « au bord du gouffre » est qu'il met plus longtemps à se remettre d'une petite perturbation. Son temps de récupération après un choc s'allonge, autrement dit, sa résilience diminue. Les chercheurs appellent cela le « ralentissement critique » (*critical slowing down*), identifiable par des indices mathématiques complexes fondés sur des séries de données temporaires (autocorrélation, dissymétrie, variance, etc.), qui révèlent l'état de fragilité d'un système et donc la possibilité de son basculement imminent.

Sur le terrain, après l'effondrement d'un écosystème, les chercheurs récupèrent des masses de données (des variables environnementales) qui témoignent des événements passés, et les analysent. Certains ont même été jusqu'à provoquer expérimentalement – au laboratoire – des effondrements de populations pour tester ces indicateurs. Ainsi, en 2010, deux chercheurs des universités de Géorgie et de Caroline du

Sud ont exposé des populations de daphnies (zooplancton) à des conditions de plus en plus dégradées (une réduction de la disponibilité en aliments), et ont bel et bien observé des signaux avant-coureurs de l'effondrement des populations : un ralentissement critique des dynamiques des populations apparaissait jusqu'à huit générations avant l'effondrement des populations[273] ! Depuis, des résultats expérimentaux similaires ont été observés pour des populations de levures, de cyanobactéries ou des écosystèmes aquatiques, mais toujours en conditions artificielles et contrôlées[274]. En 2014, une équipe de climatologues britanniques a même pu identifier des signaux avant-coureurs qui ont précédé l'effondrement du courant de circulation océanique atlantique au cours du dernier million d'années, un événement qui, s'il avait lieu aujourd'hui, modifierait de manière radicale notre climat[275]. Mais les chercheurs ne peuvent pas encore dire avec précision si ces signaux sont actuellement émis…

De nouveaux indicateurs viennent régulièrement s'ajouter à la liste de ceux existants et augmentent la puissance de prédiction des changements catastrophiques. Pour le climat, par exemple, il a été observé qu'à la fin d'une période de glaciation, les variations de température « s'affolent » et papillotent (*flickering*) avant de brusquement basculer vers une période chaude[276]. Cet indice subtil est aussi fonctionnel pour des écosystèmes lacustres[277], mais bien que très fiable (il annonce vraiment des changements catastrophiques), il n'apparaît que lorsqu'il est trop tard pour les éviter…

On ne saurait perturber artificiellement un grand écosystème ou un système socio-écologique à des fins expérimentales. Les chercheurs se sont donc contentés pour l'instant d'observer des changements catastrophiques naturels ou historiques, sans pouvoir tester en grandeur nature la prévision de ces indicateurs.

Cette méthode peut néanmoins servir à classer des systèmes suivant la distance qui les sépare d'une rupture, c'est-à-dire suivant leur degré de résilience[278], ce qui pourrait s'avérer très utile pour l'aide à la décision, en particulier pour les politiques de conservation de la biodiversité.

En 2012, la discipline des signaux avant-coureurs a bénéficié des avancées majeures faites par les spécialistes des réseaux d'interactions, qui commencent à bien cerner le comportement de réseaux complexes très hétérogènes soumis à des perturbations[279]. Par exemple, dans une prairie fleurie, représentez-vous l'immense toile des relations entre toutes les espèces de pollinisateurs (abeilles, mouches, papillons, etc.) et toutes les espèces de plantes pollinisées, où certaines espèces sont spécialistes (d'une fleur) et d'autres sont généralistes (elles pollinisent plusieurs espèces). Ce réseau complexe d'interactions mutualistes possède une structure qui le rend très résilient à des perturbations (par exemple la disparition de certains pollinisateurs à cause des pesticides). Par contre, les observations, les expériences et les modèles montrent que ces réseaux possèdent des seuils cachés au-delà desquels il ne faut pas s'aventurer, sous peine de voir s'effondrer brusquement le réseau.

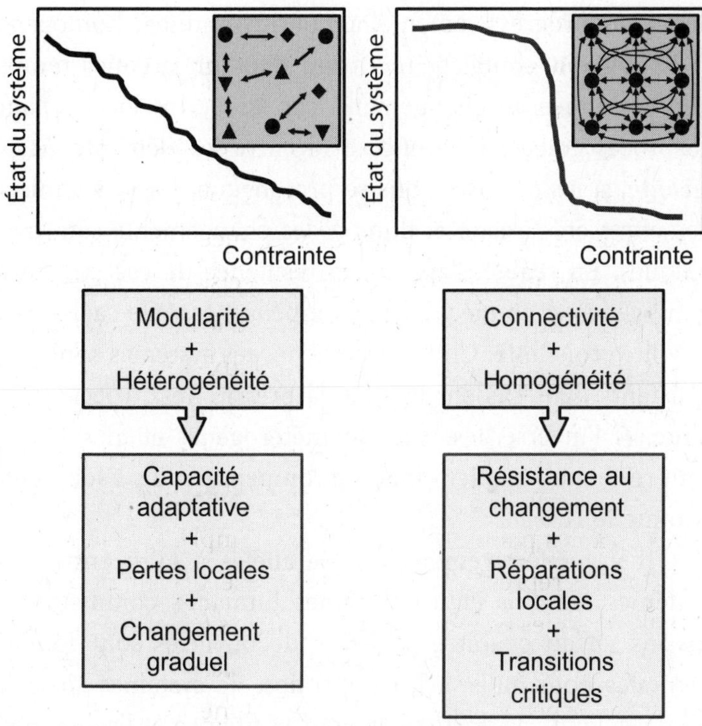

Figure 8 - Réponses types des réseaux complexes aux perturbations

(Source : d'après M. Scheffer *et al.*, « Anticipating critical transitions », *Science*, vol. 338, n° 6105, 2012, p. 344-348.)

Plus généralement, il a été montré que les réseaux complexes sont très sensibles à deux facteurs : l'hétérogénéité et la connectivité entre les éléments qui les constituent[280] (voir *figure 8*). Un réseau hétérogène et modulaire (faiblement connecté, avec des parties indépendantes) encaissera les chocs en s'adaptant. Il ne subira que des pertes locales et se dégradera progressivement. Par contre, un réseau homogène et hautement connecté montrera dans un premier temps une résistance au changement, car les pertes locales sont absorbées grâce à la connectivité entre les éléments. Mais ensuite, si les perturbations se prolongent, il sera soumis à des effets en cascade et donc à des changements catastrophiques. En réalité, l'apparente résilience de ces systèmes homogènes et connectés est trompeuse, car elle cache une fragilité croissante. Comme le chêne, ces systèmes sont très résistants mais cassent lorsque la pression est trop importante. À l'inverse, les systèmes hétérogènes et modulaires sont résilients, ils plient mais ne rompent pas. Ils s'adaptent, comme le roseau.

Il y a effectivement des parallèles à faire entre ces systèmes naturels et les systèmes humains, comme nous l'avons vu au chapitre 5[281]. Ces découvertes sont fondamentales pour aider à la conception de systèmes sociaux plus résilients, en particulier pour la finance et l'économie. Mais même si la théorie des réseaux apporte beaucoup à la compréhension des réseaux économiques et sociaux, il reste encore de nombreux obstacles à franchir avant de leur trouver des signaux avant-coureurs fiables. Les indicateurs actuels ne suffisent pas à prédire les points de basculement des systèmes sociaux, eu égard à leur complexité. Les tentatives de développement de signaux avant-coureurs ont donc pour le moment échoué ou ne font pas consensus[282]. Bien sûr, on dispose toujours d'indicateurs pertinents issus des fondamentaux économiques lorsque la situation est « normale », mais à l'approche de seuils, il devient impossible d'évaluer quoi que ce soit. Certains ont cherché des signes de ralentissement critique pour les systèmes financiers, mais n'en ont pas trouvé. Au lieu de cela, ils ont trouvé d'autres indices qui ne sont pour l'instant pas généralisables[283]. En bref, pour les crises financières, l'étude des signaux avant-coureurs permet de mieux comprendre leur fonctionnement mais pas de les rendre plus prévisibles.

Il restera toujours une incertitude

Les progrès de la science ont beau être fantastiques, la science butera toujours sur des limites épistémologiques[284]. Dans cette course contre la montre, nous aurons toujours un train de retard[285], car détecter un signal avant-coureur ne garantit pas que le système n'ait pas déjà basculé dans un autre état.

Pour compliquer encore les choses, des signaux avant-coureurs peuvent apparaître sans qu'ils soient suivis d'un effondrement, et inversement, des effondrements peuvent surgir sans émettre de signal avant-coureur. Il peut arriver aussi que des systèmes s'effondrent « doucement », de manière non-catastrophique[286]. On a donc affaire à une véritable « biodiversité » de l'effondrement des systèmes. Ce qui rend les meilleurs signaux avant-coureurs *généralisables* mais pas *universels* : leur présence n'est pas synonyme de certitude mais plutôt de forte probabilité d'effondrement.

Enfin, et c'est particulièrement vrai pour les systèmes sociaux et financiers, il est très difficile et coûteux de récolter des données de bonne qualité en temps réel, et il est impossible d'identifier l'ensemble des facteurs qui contribuent à la vulnérabilité de systèmes hypercomplexes. Il semble donc que nous soyons condamnés, pour le moment, à ne pourvoir agir qu'*après* les catastrophes[287].

Pour un système complexe comme le système-Terre (voir l'étude publiée en 2012 dans la revue *Nature* et citée à la fin du chapitre 3), il est effectivement impossible à l'heure actuelle d'affirmer que la présence de signaux avant-coureurs globaux annonce un effondrement de « Gaïa » – et encore moins de donner une date. Mais grâce à ces travaux, nous avons gagné la capacité de « possibiliser » cette catastrophe en faisant référence aux événements géologiques passés et en admettant qu'il y ait une probabilité que cela arrive.

Mais attention, l'existence d'incertitude ne signifie pas que la menace est plus faible ou qu'il n'y a pas de souci à se faire. Elle est au contraire l'argument majeur en faveur de la politique catastrophiste éclairée que propose Jean-Pierre Dupuy : agir comme si ces changements abrupts étaient certains, et donc tout faire pour qu'ils ne se réalisent pas.

En fait, les outils de prévision des seuils de basculement sont très utiles pour nous montrer que nous avons dépassé des frontières (voir chapitre 3) et que nous entrons dans des zones rouges. Malheureusement, cela signifie bien souvent qu'il est déjà trop tard pour pouvoir espérer revenir à un état antérieur, stable et connu. Ils permettent moins d'anticiper une date précise que de savoir quel genre d'avenir nous attend.

En collapsologie, il nous faut donc accepter que nous ne sommes pas en mesure de tout prévoir. C'est un principe à double tranchant. D'un côté, nous ne pourrons jamais affirmer avec certitude qu'un effondrement général est imminent (avant de l'avoir vécu). Autrement dit, les sceptiques pourront toujours objecter sur cette base. De l'autre, les scientifiques ne pourront pas garantir que nous n'avons pas déjà gravement transgressé des frontières, c'est-à-dire que l'on ne peut pas objectivement assurer à l'humanité que l'espace dans lequel elle vit aujourd'hui est stable et sûr. Les pessimistes auront donc toujours du grain à moudre.

Alors que faire ? Souvenez-vous du tremblement de terre de 2009 à l'Aquila en Italie, les scientifiques avaient été condamnés par la justice pour ne pas avoir estimé clairement les probabilités d'un séisme potentiel. La catastrophe est arrivée malgré les instruments de mesure. Souvenez-vous aussi de la période qui a précédé la crise bancaire de 2008, certains commentateurs très perspicaces avaient tiré la sonnette d'alarme, mais n'avaient évidemment pas été écoutés. Ils avaient su capter *grâce à leur intuition* de nombreux signes d'une crise imminente, comme les bulles spéculatives dans le marché de l'immobilier américain ou l'augmentation subite du prix de l'or qui agit traditionnellement comme valeur refuge. Mais il leur était impossible de prouver de manière objective et rationnelle ce qu'ils avançaient. La catastrophe est arrivée sans instruments de mesure, et malgré l'intuition des lanceurs d'alerte. Alors comment savoir ? Et qui croire ?

Surtout pas les calculs économiques ou les rapports coûts/bénéfices, ils ne servent à rien ! Car « tant que l'on est loin des seuils, on peut se permettre de taquiner les écosystèmes en toute impunité ». Il n'y a pas de coût, tout est bénéfice ! Et comme le fait remarquer Jean-Pierre Dupuy, « si l'on se rapproche des seuils critiques, le calcul coûts-avantages devient dérisoire. La seule chose qui compte alors est en effet de ne surtout pas les franchir. [...] À cela il faut ajouter que nous ne savons même pas où sont les seuils[288] ». Notre ignorance n'est donc pas une question d'accumulation de connaissances scientifiques, elle est consubstantielle à la nature même des systèmes complexes. Autrement dit, en temps d'incertitude, c'est l'intuition qui compte.

8.
QUE DISENT LES MODÈLES ?

Une autre manière de sonder l'avenir est d'utiliser des modèles mathématiques et informatiques. Ils ne permettent pas de prédire l'avenir, mais ils donnent des indications sur le comportement et l'évolution de nos systèmes et de nos sociétés. Nous avons retenu deux modèles, l'un, HANDY, développé dans une étude qui a fait le buzz début 2014 parce qu'elle avait été financée par la NASA et qu'elle annonçait – selon les propos exagérés de certains journalistes – « la fin très proche de la civilisation ». L'autre parce qu'il est toujours valable après 40 ans de critiques et de confrontations aux données réelles, c'est le modèle World3 qui a servi de base au fameux « rapport Meadows » ou « rapport au Club de Rome ».

Un modèle original : HANDY

Développé par une équipe multidisciplinaire composée d'un mathématicien, d'un sociologue et d'un écologue, le modèle HANDY (*Human and Nature Dynamics*) simule les dynamiques démographiques d'une civilisation fictive soumise à des contraintes biophysiques[289]. C'est une expérience scientifique qui vise à mieux comprendre les phénomènes d'effondrement observés par le passé et à explorer les changements qui permettraient de l'éviter dans le futur. L'originalité de ce nouveau modèle réside dans le fait qu'il intègre le paramètre des inégalités économiques.

HANDY est construit sur la base d'un système d'équations conçues dans les années 1920 par les mathématiciens Alfred Lokta et Vito Volterra, utilisées fréquemment en écologie pour décrire les interactions entre les populations de prédateurs et de proies. De manière schématique, lorsque les proies pullulent, la population de prédateurs prospère et fait chuter le nombre de proies, ce qui fait s'effondrer la population de prédateurs. Le cycle redémarre puisqu'en présence de peu de prédateurs, les proies se remettent à pulluler. On obtient ainsi à long terme une sorte de « battement » de croissances et de déclins, deux sinusoïdes de populations.

Dans le modèle HANDY, le prédateur est la population humaine et la proie est son environnement. Mais à la différence des poissons ou des loups, les humains possèdent cette capacité à s'extirper d'un monde malthusien où les limites des ressources dictent la taille maximale de la population. Grâce à leur capacité à créer des groupes sociaux organisés, à utiliser la technique et au fait de pouvoir produire et garder des surplus, les humains ne subissent pas systématiquement de déclin de population au moindre épuisement d'une ressource naturelle. Ainsi, deux paramètres supplémentaires ont été introduits dans les équations pour apporter plus de réalisme au modèle : la quantité globale de richesses accumulées et la répartition de celles-ci entre une petite caste d'« élites » et une plus grande de « *commoners* » (le peuple).

Trois groupes de scénarios ont été explorés. Le premier (A) prend pour hypothèse de départ une société égalitaire dans laquelle il n'y a pas d'élites (élites = 0). Le deuxième (B) explore une société équitable où il y a une caste d'élites mais où les revenus du travail sont distribués équitablement entre cette caste de non-travailleurs et les travailleurs. Enfin, le troisième (C) explore les possibilités d'une société inégalitaire où les élites s'approprient les richesses au détriment des *commoners*.

Avant de lancer les simulations, les chercheurs font varier les taux de consommation des ressources de chaque société virtuelle, générant ainsi quatre types de scénarios allant du plus soutenable au plus brutal : 1. une lente approche des populations vers un équilibre entre population et environnement ; 2. une approche perturbée montrant un mouvement oscillatoire avant un équilibre ; 3. des cycles de croissances et d'effondrements ; et 4. une croissance forte suivie d'un effondrement irréversible.

Dans une société égalitaire sans castes (A), lorsque le taux de consommation n'est pas exagéré, la société atteint un équilibre (scénarios 1 et 2). Lorsque ce taux augmente, la société subie des cycles de croissance et de déclin (3). Et enfin, lorsque la consommation est soutenue, la population croît avant de s'effondrer de manière irréversible (4). Cette première série de résultats montre qu'indépendamment des inégalités, le taux de « prédation » d'une société sur les ressources naturelles est *à lui seul* un facteur d'effondrement.

Ajoutons maintenant le paramètre des inégalités. Dans une société « équitable », c'est-à-dire avec une petite partie de la population qui ne travaille pas et une majorité qui travaille, mais où les richesses sont bien réparties (B), un scénario d'équilibre peut être atteint uniquement si le niveau de consommation est faible et si la croissance est très lente. Lorsque la consommation et la croissance s'accélèrent, la société peut facilement basculer sur les trois autres scénarios (perturbations, cycles de déclins ou effondrement).

Dans une société inégalitaire où les élites s'approprient les richesses (C), ce qui semble plutôt correspondre à la réalité de notre monde, le modèle indique que l'effondrement est difficilement évitable, quel que soit le taux de consommation. Cependant, il y a une subtilité. À un faible taux de consommation global, comme on peut s'y attendre, la caste des élites se met à croître et accapare une grande quantité de ressources au détriment des *commoners*. Ces derniers, affaiblis par la misère et la faim, ne sont plus capables de fournir suffisamment de puissance de travail pour maintenir la société en place, ce qui mène à son déclin. Ce n'est donc pas l'épuisement des ressources, mais l'épuisement du peuple qui cause l'effondrement d'une société inégalitaire relativement sobre en consommation de ressources. Autrement dit, la population disparaît plus vite que la nature. Selon les chercheurs, le cas des Mayas, où la nature a récupéré après l'effondrement des populations, s'apparenterait à ce type de dynamique. Ainsi, même si une société est globalement « soutenable », la surconsommation d'une petite élite mène irrémédiablement à son déclin.

Dans le cas d'une société inégalitaire qui consomme beaucoup de ressources, le résultat est le même, mais la dynamique est inverse : la nature s'épuise plus vite que le peuple, ce qui rend l'effondrement rapide et irréversible. Ce serait typiquement le cas de l'île de Pâques ou de la Mésopotamie, où l'environnement est resté épuisé, même après la disparition des civilisations.

De manière générale, ce que montre HANDY est qu'une forte stratification sociale rend difficilement évitable un effondrement de civilisation. La seule manière d'éviter cette issue serait donc de réduire les inégalités économiques au sein d'une population et de mettre en place des mesures qui visent à maintenir la démographie en dessous d'un niveau critique.

Ce modèle est une tentative originale de modélisation d'un comportement complexe à l'aide d'une structure mathématique relativement simple. Simpliste, même, puisqu'on ne modélise pas le monde en quatre équations. Cependant, ce travail constitue un outil heuristique important, voire un avertissement qu'on aurait tort de balayer d'un revers de main.

Dans son livre *Comment les riches détruisent la planète*[290], Hervé Kempf avait également montré les rapports étroits qu'entretenaient les inégalités et la consommation. En effet, l'augmentation des disparités économiques provoque une accélération globale de la consommation par un phénomène sociologique appelé *consommation ostentatoire*, et décrit pour la première fois pas le sociologue Thorstein Veblen : chaque classe sociale a tendance à tout faire (et en particulier consommer) pour ressembler à la classe sociale qui se trouve juste au-dessus. Les pauvres s'efforcent de ressembler aux classes moyennes, ces dernières veulent revêtir les attributs des riches, qui eux font tout pour montrer qu'ils font partie des « hyperriches ». Ce phénomène est si puissant que la consommation peut devenir, dans les sociétés riches, inséparable de la construction de l'identité personnelle. Coincée dans un modèle de compétition, la société sombre dans cette spirale infernale de consommation et d'épuisement des ressources.

Le modèle HANDY est d'autant plus pertinent que notre société montre aujourd'hui tous les symptômes de la société inégalitaire fortement consommatrice de ressources décrite dans le modèle. Depuis les années 1980, les inégalités ont littéralement explosé. Le problème est que nous avons aujourd'hui les preuves que les inégalités économiques sont très toxiques pour notre société.

Selon Joseph Stiglitz, elles découragent l'innovation et érodent la confiance des populations en renforçant un sentiment de frustration qui sape la confiance des populations envers le monde politique et ses institutions. « La démocratie elle-même se trouve mise en danger. Le système semble avoir remplacé le principe "une personne, une voix" par la règle "un dollar, une voix". [...] L'abstention progresse, renforçant encore la mainmise des plus riches (qui eux votent) sur le fonctionnement des pouvoirs publics[291]. »

Les inégalités sont aussi toxiques pour la santé. Les sentiments d'angoisse, de frustration, de colère et d'injustice de ceux qui voient cet horizon d'abondance leur échapper, ont un impact considérable sur les taux de criminalité, l'espérance de vie, les maladies psychiatriques, la mortalité infantile, la consommation d'alcool, les taux d'obésité, les résultats scolaires ou la violence des sociétés. Ce constat est remarquablement décrit, documenté et chiffré par les épidémiologistes Richard Wilkinson et Kate Pickett dans leur best-seller *Pourquoi l'égalité est meilleure pour tous*[292]. En comparant les données de 23 pays industrialisés (données de l'ONU et de la Banque mondiale), ils découvrent que de nombreux indices de santé d'un pays se dégradent non pas lorsque son PIB chute, mais lorsque le niveau d'inégalités économiques augmente. Autrement dit, non seulement l'inégalité économique est toxique pour une société, mais l'égalité est bonne pour tous, même pour les riches !

Les inégalités génèrent aussi de l'instabilité économique et politique. Les deux crises les plus importantes du XXe siècle – la grande dépression de 1929 et le krach boursier de 2008 – ont toutes deux été précédées d'une forte augmentation des inégalités. Selon le journaliste économique et financier Stewart Lansley, la concentration du capital dans les mains d'une petite caste d'élites mène non seulement à la déflation, mais aussi à des bulles spéculatives, c'est-à-dire à la diminution de la résilience économique et donc à des risques amplifiés d'effondrement financier[293]. Les chocs à répétition érodent la confiance et surtout la croissance du PIB, ce qui ne fait qu'augmenter les disparités entre classes. Pire, les inégalités économiques sont également amplifiées par les effets néfastes du changement climatique, qui frappent plus durement les populations et les pays les plus pauvres[294]. Cette spirale négative des inégalités ne mène finalement qu'à l'autodestruction.

Pour l'économiste Thomas Piketty, c'est la structure même du capitalisme, son « ADN », qui favorise l'accroissement des inégalités[295]. Dans une grande analyse historique basée sur les archives fiscales disponibles depuis le XVIIIe siècle, lui et son équipe battent en brèche l'idée reçue que les revenus générés par la croissance du PIB bénéficient à l'ensemble de la population d'un pays. En réalité, le patrimoine se concentre *inexorablement* entre les mains d'une petite caste de rentiers, lorsque le rendement du capital (*r*) est plus élevé que la croissance économique (*g*). C'est tout simplement mécanique. La seule manière d'éviter cet écueil est de mettre en place des institutions nationales et internationales puissantes qui redistribuent équitablement les revenus. Mais pour que de tels sursauts démocratiques émergent, il faut des conditions extraordinaires. Or, au cours du siècle dernier, ces conditions n'ont pu être réunies qu'après les catastrophes des deux guerres mondiales et de la grande dépression des années 1930. Il faut que le monde de la finance soit à genoux, suffisamment affaibli, pour qu'on puisse lui imposer un contrôle par des institutions puissantes. Et c'est d'autant plus difficile que ces institutions ont prospéré grâce aux fortes périodes de croissance qui ont suivi les conflits (reconstruction oblige), une conjoncture que nous ne trouvons plus aujourd'hui.

Considérées sous cet angle, les Trente Glorieuses sont une « aberration historique[296] ». Et le retour des inégalités depuis les années 1980 ne serait donc qu'un retour à la normale ! Aux États-Unis, par exemple, le niveau d'inégalités a récemment atteint celui de 1929[297].

Le plus troublant dans cette histoire est d'observer l'inexorable retour des inégalités malgré les preuves de ses effets corrosifs sur les sociétés, et malgré les leçons de l'histoire. Serait-ce un destin inéluctable ? Serions-nous condamnés à attendre la prochaine guerre ou, à défaut, un effondrement de civilisation ? Pourquoi les élites ne font-elles rien alors qu'il est évident qu'elles souffriront également de ces deux issues catastrophiques ?

Pour répondre à cette question, revenons un instant au modèle HANDY. Il est particulièrement intéressant de noter que, dans les deux scénarios d'effondrement des sociétés inégalitaires (famine des *commoners* ou effondrement de la nature), les élites, parées de leur richesse, ne souffrent pas *immédiatement* des premiers effets du déclin. Elles ne ressentent les effets des catastrophes que bien après la majorité de la population ou bien après les destructions irréversibles des écosystèmes, c'est-à-dire trop tard. « Cet "effet tampon" de la richesse permet à l'élite de continuer un "*business as usual*" en dépit des catastrophes imminentes[298]. »

De plus, pendant que certains membres de la société tirent la sonnette d'alarme indiquant que le système se dirige vers un effondrement imminent et donc préconisent des changements de société structurels, les élites et leurs partisans sont aveuglés par la longue trajectoire apparemment soutenable qui précède un effondrement, et la prennent comme une excuse pour ne rien faire.

Ces deux mécanismes (l'effet tampon de richesses et l'excuse d'un passé d'abondance), ajoutés aux innombrables causes de verrouillage qui empêchent les transitions « sociotechniques » d'avoir lieu (voir chapitre 4), expliqueraient pourquoi les effondrements observés dans l'histoire ont été permis par des élites qui semblaient ne pas prendre conscience de la trajectoire catastrophique de leur société. Selon les développeurs du modèle HANDY, dans le cas de l'Empire romain et des Mayas, cela est particulièrement évident.

Aujourd'hui, alors qu'une majorité de pays pauvres et une majorité d'habitants des pays riches souffrent des niveaux exubérants d'inégalités et de la destruction de leurs conditions de vie, des cris d'alarme toujours plus perçants s'élèvent régulièrement dans le ciel médiatique. Mais ceux que cela dérange s'insurgent contre le catastrophisme, d'autres tirent sur les porteurs de mauvaises nouvelles, et personne n'en prend vraiment acte. Or, depuis les années 1970 – et le fameux rapport Meadows – jusqu'au dernier rapport du GIEC, en passant par les documents de synthèse du WWF, de l'ONU ou de la FAO, le message est sensiblement le même, à un détail près, les verbes ne sont plus conjugués au futur mais au présent.

Un modèle robuste : World3

Le modèle World3 est un vieux modèle qui a plus de quarante ans. Il a été décrit dans le best-seller vendu à plus de 12 millions d'exemplaires dans le monde, *Les Limites à la croissance*[299], plus connu sous le nom de « rapport au Club de Rome ». Cependant, le message principal de ce dernier a été très mal compris depuis tout ce temps, aussi bien par ceux qui pensent être d'accord que par ceux qui ne veulent pas être d'accord. Il disait ceci : si l'on part du principe qu'il y a des limites physiques à notre monde (c'est une hypothèse de base), alors un effondrement généralisé de notre civilisation thermo-industrielle aura très probablement lieu durant la première moitié du XXIe siècle.

À la fin des années 1960, le Club de Rome[300] demande à des chercheurs du MIT (Massachusetts Institute of Technology, États-Unis) d'étudier l'évolution à long terme du système « monde ». Parmi eux se trouvent Jay Forrester, professeur de dynamique des systèmes, et ses étudiants parmi lesquels Dennis et Donella Meadows. C'est alors le début de l'informatique, et ils décident de concevoir un modèle informatique systémique (World3) qui décrira les interactions entre les principaux paramètres globaux du monde, dont les six plus importants sont la population, la production industrielle, la production de services, la production alimentaire, le niveau de pollution et les ressources non-renouvelables. Puis de l'insérer dans un ordinateur.

Le but du jeu était d'introduire les données réelles du monde dans le modèle et d'appuyer sur *Enter* pour simuler le comportement de ce système-monde sur 150 ans. Le premier résultat, appelé « *standard run* » et considéré comme le scénario « *business as usual* », a mis en évidence que notre système était extrêmement instable, et décrit un effondrement généralisé au cours du XXIe siècle (voir *figure 9*). Entre 2015 et 2025, l'économie et la production agricole décrochent et s'effondrent totalement avant la fin du siècle, à un rythme plus rapide que la croissance exponentielle qui a suivi la Seconde Guerre mondiale. À partir de 2030, la population humaine se met à décroître « de manière incontrôlée » pour atteindre environ la moitié de son maximum à la fin du siècle, soit environ 4 milliards d'êtres humains (ces chiffres sont approximatifs, ils donnent des ordres de grandeur).

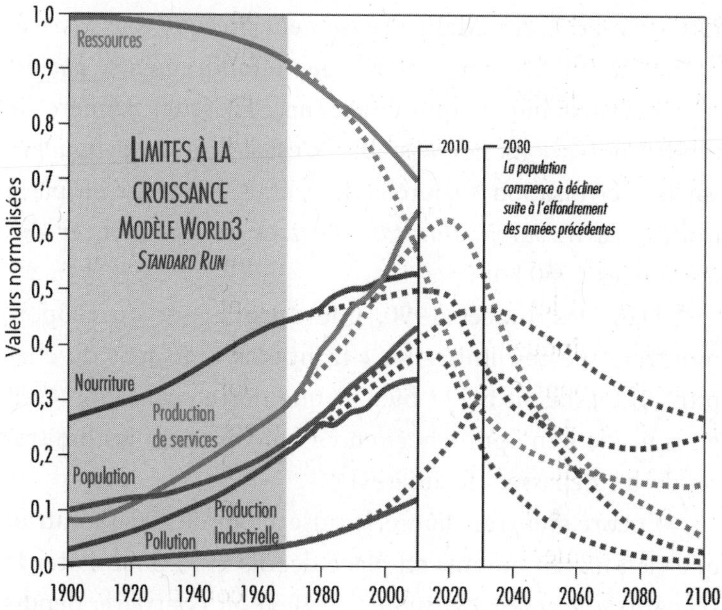

Figure 9 - Modèle Meadows « standard run » mis à jour par Graham M. Turner. En gras, les données réelles ; en pointillés, le modèle

(Source : d'après Graham M. Turner, « On the cusp of global collapse ? Updated comparison of *The Limits to Growth* with historical data », *GAIA-Ecological Perspectives for Science and Society*, vol. 21, n° 2, 2012, p. 116-124.)

Surpris par ce résultat, les chercheurs ont alors simulé des « solutions », soit autant de scénarios que l'humanité pourrait appliquer pour essayer de rendre le système stable. Que se passerait-il si on développait des technologies efficientes ? Si on découvrait de nouvelles ressources ? Si on stabilisait la population ou la production industrielle ? Si on augmentait les rendements agricoles ou si on contrôlait la pollution ? Les chercheurs ont alors changé les paramètres du modèle et testé tout cela en deux ou trois clics. *Enter. Enter. Enter.* Malheureusement presque tous les scénarios alternatifs ont mené à des effondrements, parfois plus catastrophiques que le premier. La seule manière de rendre notre « monde » stable, c'est-à-dire de déboucher sur une civilisation « soutenable », était de mettre en place toutes ces mesures *simultanément* et de commencer dès les années 1980 !

Dans les années 1990, une mise à jour du rapport montrait que ces limites (et « frontières », au sens du chapitre 3) existaient bel et bien et que notre civilisation était en train de s'en approcher (en ce qui concerne les limites) ou de les dépasser (frontières)[301].

Encore plus tranchante, la mise à jour de 2004 montrait que rien n'avait été mis en place depuis 1972 pour éviter le scénario « *business as usual*[302] ». Bien au contraire, depuis 1963, la production industrielle mondiale a doublé tous les 24 ans ! En 2008 puis en 2012, un scientifique australien, Graham Turner, a entrepris de comparer les données réelles de ces quarante dernières années avec les différents scénarios pour savoir lequel se rapprochait le plus de la réalité[303]. Résultat ? Notre monde s'est clairement dirigé vers le scénario « *business as usual* », c'est-à-dire le pire scénario. Et Turner de conclure : « Ceci est une sonnette d'alarme très claire. Nous ne sommes pas sur une trajectoire soutenable. »

Le modèle a non seulement résisté aux innombrables et violentes critiques qui lui ont été adressées depuis le début, mais a même été corroboré par 40 ans de faits. Le principal résultat du rapport Meadows n'est pas de nous prédire l'avenir avec précision, de prôner la « croissance zéro » ou d'annoncer la fin du pétrole pour l'an 2000, comme ont pu le dire ses détracteurs. Il met simplement en garde sur l'extrême instabilité de notre système (car il génère des exponentielles). Le modèle montre remarquablement bien l'interconnexion de toutes les crises, ainsi que la puissance d'une pensée systémique. On ne peut pas se contenter de « résoudre » un problème, par exemple le pic pétrolier, ou la régulation des naissances, ou la pollution, car cela ne changerait presque rien à l'issue. Il faut les traiter simultanément.

Après la version de 2004, l'optimiste de la bande, Donella Meadows, aimait à dire qu'il restait peut-être une toute petite fenêtre d'opportunité à ne pas manquer. Le modèle indiquait qu'il faudrait remplir trois conditions pour arriver à maintenir l'économie et la population en équilibre autour de la capacité de charge de la Terre.

Condition 1. Si l'on parvient à stabiliser rapidement

la population (2 enfants en moyenne par famille), alors la population atteindrait 7,5 milliards en 2040 (soit 0,5 milliard de moins que prévu), ce qui permettrait de repousser de quelques années un effondrement global de l'économie et de la population. Mais cela ne suffirait pas. « On ne peut donc couper à l'effondrement si on ne stabilise que la population mondiale », il faut un deuxième levier.

Condition 2. Si l'on parvient à stabiliser la production industrielle mondiale à 10 % au-dessus du niveau de l'année 2000, et à redistribuer équitablement les fruits de cette production, on repousserait encore l'échéance de quelques années. Mais cela ne suffirait toujours pas à l'éviter à cause des niveaux de pollution qui continueraient à s'accumuler et à mettre en péril les capacités de régénération des écosystèmes. Il faut donc un troisième levier.

Condition 3. Si l'on parvient en plus à améliorer l'efficience des technologies, c'est-à-dire à diminuer les niveaux de pollution et d'érosion des sols tout en augmentant les rendements agricoles, alors le monde pourrait se stabiliser et permettre à une population d'un peu moins de 8 milliards d'habitants de vivre avec un bon niveau de vie (proche de celui que nous connaissons) à la fin du XXIe siècle. Ce scénario d'équilibre n'est envisageable que s'il est mis en place très rapidement. Or, ces résultats datent de 2004... Il est impossible d'avancer une date avec précision, mais ce qui est certain, c'est que chaque année qui passe réduit significativement notre marge de manœuvre.

La fenêtre d'opportunité que nous avions pour éviter un effondrement global est en train de se refermer. Ainsi, dans sa tournée européenne en 2011-2012, Dennis Meadows, plus pessimiste que jamais, répétait dans les interviews, et dans un article qu'il a écrit pour l'institut Momentum : « il est trop tard pour le développement durable, il faut se préparer aux chocs et construire dans l'urgence des petits systèmes résilients[304] ».

Alors ? Que vous murmure votre intuition ? 2020 ? 2030 ? 2100 ?

Troisième partie

COLLAPSOLOGIE

C'est parce que la catastrophe constitue un destin détestable dont nous devons dire que nous n'en voulons pas qu'il faut garder les yeux fixés sur elle, sans jamais la perdre de vue.

Jean-Pierre Dupuy[305]

9.

UNE MOSAÏQUE À EXPLORER

Dans les deux premières parties de ce livre, nous avons montré qu'un effondrement imminent de la civilisation industrielle est possible, et que ce sort peut même être réservé à l'humanité tout entière ainsi qu'à une partie de la biosphère. En présenter les bases matérielles et les signes avant-coureurs n'est cependant pas suffisant, car cela ne dit rien sur *ce à quoi pourrait ressembler* un effondrement. Comment pourrions-nous donner un peu de relief à ce phénomène afin qu'il ne se transforme pas immédiatement, dans l'imaginaire de chacun, en une scène de *Mad Max*, du *Jour d'après*, ou de *World War Z* ?

De quoi parle-t-on au juste ?

C'est précisément parce que le vocabulaire sur ce sujet est pauvre que l'irruption du seul mot effondrement peut

« exploser » différemment dans chacune de nos têtes, sans laisser de place pour quelques brins de subtilité. À la manière des Inuits, qui disposeraient d'une centaine d'expressions pour désigner la « neige », il faudrait inventer une kyrielle de mots pour arriver à cerner la complexité du processus civilisationnel qui nous attend.

D'un point de vue étymologique, un « effondrement » désigne l'action de briser en enfonçant (XIIe siècle), de vider les entrailles d'un animal (XIVe), de remuer la terre profondément (XVIIIe) ou de s'écrouler (XVIIIe), mais aussi le fait de subir une baisse des prix (XIXe) ou un découragement (XIXe)[306]. Aujourd'hui, on l'utilise surtout pour désigner l'écroulement ou l'anéantissement d'une structure, d'un empire, du cours de la Bourse ou de l'état psychologique d'une personne.

Dans la communauté des historiens et des archéologues, le mot est utilisé pour décrire la *chute* (relativement rapide) ou le *déclin* (relativement lent) des royaumes, empires, États, nations, sociétés et civilisations. La définition – bien admise – que donne Jared Diamond le décrit par les effets qu'il produit, soit la « réduction drastique de la population humaine et/ou de la complexité politique/économique/sociale, sur une zone étendue et une durée importante[307] ». La définition d'Yves Cochet, citée en introduction, est peut-être moins utile pour des archéologues, mais elle est plus adaptée à notre temps : c'est « le processus à l'issue duquel les besoins de base (eau, alimentation, logement, habillement, énergie, etc.) ne sont plus fournis [à un coût raisonnable] à une majorité de la population par des services encadrés par la loi ».

L'expression « effondrement de la civilisation industrielle » a une consonance grave – bien plus dans le monde francophone que dans le monde anglophone (*collapse*) – car elle véhicule trois clichés. Le premier est celui d'une fin possible des grandes institutions garantes de la loi et de l'ordre social, ce qui, pour un être moderne (et libéral), implique nécessairement un retour à la barbarie. Le deuxième est qu'un effondrement serait suivi par un grand vide qu'on peine à s'imaginer, empêtrés que nous sommes dans l'image religieuse de l'apocalypse. Le troisième est qu'il semble désigner un moment relativement court, un événement brutal, un couperet qui tomberait sur l'ensemble de la société et que l'on pourrait facilement dater *a posteriori*.

Or, selon certains travaux anthropologiques, une absence de gouvernements ou d'États n'implique pas nécessairement un retour à la barbarie[308], parfois bien au contraire[309]. Par ailleurs, les effondrements ne sont pas suivis d'une fin du monde, comme en témoignent de nombreux exemples de l'histoire. Enfin, ils durent généralement plusieurs années, plusieurs décennies, voire plusieurs siècles dans le cas de civilisations entières, et sont difficiles à dater précisément. Ainsi, dans leur essai prospectif *L'Effondrement de la civilisation occidentale*[310], les historiens des sciences Naomi Oreskes et Erik Conway décrivent l'effondrement que nous nous apprêtons à subir à partir du regard d'historiens de la fin du XXIe siècle. Ces derniers décident d'arrêter le début de la « période sombre » à 1988, date de la création du GIEC. En effet, le naufrage du *Titanic* n'aurait-il pas réellement commencé dès que l'alarme fut sonnée ?

Nous avons tenté d'utiliser le moins possible le mot « crise », qui fait passer la situation pour éphémère. Une crise maintient l'espoir qu'un retour à la normale est possible, et donc sert d'épouvantail aux élites économiques et politiques pour faire subir à la population des mesures qui n'auraient jamais été tolérées « en temps normal ». Tout en invoquant l'urgence, la crise nourrit paradoxalement un imaginaire de continuité.

Il est intéressant de constater que le vocabulaire francophone n'a que le mot « problème » pour désigner une situation très difficile (les synonymes sont plus faibles). Chacun sait que, lorsqu'on a un problème, on analyse la situation, on cherche une *solution* (souvent technique), et on l'applique, ce qui fait disparaître le problème. Comme une crise, le problème est d'ordre ponctuel et réversible. Mais la langue anglaise possède un mot de plus, « *predicament* », qui décrit mieux l'idée d'effondrement. Un *predicament* désigne une situation inextricable, irréversible et complexe, pour laquelle il n'y a pas de solutions, mais juste des mesures à prendre pour s'y adapter. Il en est ainsi des maladies incurables qui, à défaut de « solutions », obligent à emprunter des chemins – pas toujours faciles – qui permettent de *vivre avec*[311]. Face à un *predicament,* il y a des choses à faire, mais il n'y a pas de solutions.

Nous n'avons pas utilisé le terme de « décroissance » car il désigne moins une réalité historique qu'un programme politique volontariste (la frugalité et la convivialité) destiné, justement, à *éviter* un effondrement[312]. Mais ce « vœu » laisse entrevoir une réduction graduelle, maîtrisée et volontaire de nos consommations matérielles et énergétiques, ce qui, nous le verrons dans les pages suivantes, n'est pas très réaliste. À la différence de la décroissance, la notion d'effondrement conserve la possibilité de penser un avenir qui ne soit pas totalement maîtrisé...

Souvent, on décrit la convergence des catastrophes avec des euphémismes optimistes qui mettent l'accent sur ce qui succédera au monde industriel moderne. Ainsi en est-il de la « métamorphose » d'Edgar Morin, de la « mutation » d'Albert Jacquard ou de la « transition » de Rob Hopkins. Ces expressions sont très précieuses pour soulever l'enthousiasme des foules et pour ouvrir l'imaginaire d'un avenir pas forcément nihiliste ou apocalyptique, mais elles évacuent trop facilement le sentiment d'urgence et les questions de la souffrance, de la mort, des tensions sociales et des conflits géopolitiques. Nous les utiliserons cependant volontiers dans le cadre des « politiques de l'effondrement », c'est-à-dire dans les cas où la description factuelle ne suffit plus, mais où l'espoir et un certain volontarisme sont nécessaires (voir chapitre 10).

Que nous apprennent les civilisations passées ?

Toutes les civilisations qui nous ont précédés, aussi puissantes soient-elles, ont subi des déclins et des effondrements. Certaines ont pu redémarrer, d'autres pas, et les raisons pour lesquelles elles ont décliné sont âprement débattues depuis des centaines d'années. L'historien et philosophe arabe du XIVe siècle Ibn Khaldoun (1332-1406) est réputé pour avoir été le premier à articuler une théorie cohérente de périodes successives d'essor et de déclin des civilisations[313]. Au XVIIIe siècle, par exemple, Montesquieu[314] (1689-1755) et l'historien britannique Edward Gibbon[315] (1737-1794) se sont intéressés de près à la grandeur et à la décadence de l'Empire romain. Au début du XXe siècle, suite aux découvertes archéologiques du siècle précédent, Oswald Spengler[316] (1880-1936) et Arnold Toynbee[317] (1889-1975) ont également tenté des « histoires universelles » des civilisations, qui, bien que controversées dans les milieux académiques, ont grandement contribué à rendre le sujet populaire. En France, à partir des années 1929, l'École des Annales a porté une attention particulière aux éléments récurrents et aux constantes du passé à l'aide d'approches multifactorielles et au développement d'une méthode interdisciplinaire. Aujourd'hui, des auteurs à succès comme Jared Diamond, Joseph Tainter, Peter Turchin[318] ou Bryan Ward-Perkins[319] témoignent de la diversité des points de vue, des hypothèses et des interprétations que ce sujet génère, mais la plupart s'accordent à dire, probablement par « prudence scientifique », que ces connaissances historiques et archéologiques ne peuvent pas servir à en déduire quoi que ce soit sur un possible effondrement de notre civilisation. Nous tenterons, dans cette section, d'être *un peu moins* prudents...

Les causes des effondrements sont habituellement regroupées en deux catégories. Les causes endogènes, générées par la société elle-même : instabilités d'ordre économique, politique ou social ; et les causes exogènes, c'est-à-dire liées à des événements catastrophiques externes comme un changement climatique trop abrupt, un tremblement de terre, un tsunami, une invasion étrangère, etc.

Jared Diamond a identifié cinq facteurs d'effondrement – récurrents et souvent synergiques – des sociétés qu'il a étudiées : les dégradations environnementales ou déplétions des ressources, le changement climatique, les guerres, la perte soudaine de partenaires commerciaux, et les (mauvaises) réactions de la société aux problèmes environnementaux. Pour lui, les conditions écologiques seraient le principal facteur qui expliquerait l'effondrement des grandes cités mayas à l'aube du IXe siècle, des Vikings au XIe siècle ou de l'île de Pâques au XVIIIe siècle. Mais on aurait tort de réduire ces causes écologiques à de simples facteurs externes, puisqu'il précise (mais il n'est pas le seul) que le seul facteur commun à tous les effondrements est bien le cinquième, celui d'ordre sociopolitique : les dysfonctionnements institutionnels, les aveuglements idéologiques, les niveaux des inégalités (voir notre chapitre 8), et surtout l'incapacité de la société – et particulièrement des élites – à réagir de manière appropriée à des événements potentiellement catastrophiques. Dans la fin de son livre, Jared Diamond s'interroge sur les raisons qui poussent les « sociétés » à prendre des mauvaises décisions. Il explique donc que les groupes humains subissent des catastrophes pour plusieurs raisons : parce qu'ils n'arrivent pas à les anticiper, parce qu'ils n'en perçoivent pas les causes, parce qu'ils échouent dans leurs tentatives de « résolution des problèmes », ou simplement parce qu'il n'y a pas de « solutions » adaptées dans l'état de leurs connaissances.

En fait, ce fameux cinquième facteur accentue la vulnérabilité d'une société (son manque de résilience) au point de la rendre très sensible aux perturbations qu'elle encaisse habituellement sans problème. C'est ce qui a poussé récemment l'archéologue et géographe Karl W. Butzer à proposer une nouvelle classification, distinguant les « préconditions » d'un effondrement (ce qui rend la société vulnérable) des « déclencheurs » (les chocs qui peuvent la déstabiliser)[320]. Les préconditions sont souvent endogènes (incompétence ou corruption des élites, diminution de la productivité agricole, pauvreté, mais aussi diminution des ressources naturelles, etc.), elles réduisent la résilience de la société et sont des facteurs de *déclin* ; alors que les déclencheurs, plus rapides et souvent exogènes (événements climatiques extrêmes, invasions, épuisement de ressources, mais aussi crises économiques, etc.), provoquent des *effondrements* s'ils sont précédés de préconditions « favorables ». Autrement dit, ce qu'on appelle habituellement une catastrophe « naturelle » n'est jamais vraiment étranger à l'action humaine[321].

Joseph Tainter complète cette idée de dysfonctionnement politique en y ajoutant un facteur thermodynamique, c'est-à-dire en constatant que la complexité croissante des institutions sociopolitiques se fait à un « coût métabolique » toujours plus élevé, c'est-à-dire des besoins croissants en matière, en énergie et en basse entropie. En fait, les grandes civilisations sont prises dans un piège entropique dont il est presque impossible d'échapper. Pour reprendre les mots du politologue américain William Ophuls, lorsque « les quantités disponibles de ressources et d'énergie ne permettent plus de maintenir de tels niveaux de complexité, la civilisation commence à se consumer en empruntant au futur et en se nourrissant du passé, préparant ainsi la voie à une éventuelle implosion[322] ». S'ensuit une grande période de « simplification » de la société, comme ce fut le cas en Europe après l'effondrement de l'Empire romain, durant tout le Moyen Âge : moins de spécialisation économique et professionnelle, moins de contrôle centralisé, moins de flux d'informations entre les individus et entre les groupes, et moins de commerce et de spécialisation entre territoires.

Les historiens Peter Turchin et Sergey Nefedov ont généralisé ce phénomène en décrivant (et en modélisant) l'histoire récente comme une succession de phases de surplus et de déficits économiques (et énergétiques !), c'est-à-dire en « cycles » d'essors et de déclins structurellement semblables. L'Angleterre médiévale (le cycle Plantagenêt) et prémoderne (le cycle Tudor-Stuart), la France médiévale (le cycle capétien) ou la Rome antique (le cycle républicain), entre autres, ont toutes traversé des phases d'expansion, de stagflation, de crises et de déclin[323].

Les études historiques et archéologiques n'en finissent pas de s'affiner, comme en témoigne la récente synthèse de Butzer, qui propose désormais, grâce à un nouveau cadre heuristique, d'approfondir l'étude des interactions entre les dimensions socio-économiques et écologiques plutôt que l'identification d'un ou plusieurs facteurs responsables des effondrements[324]. Quelles leçons peut-on d'ores et déjà en tirer ?

Sur aujourd'hui ?

Notons d'abord que le monde présente des signes alarmants au moins pour trois des cinq facteurs identifiés par Diamond : dégradations environnementales, changements climatiques, et surtout dysfonctionnements sociopolitiques (verrouillage sociotechnique, aveuglement des élites, niveaux ahurissants d'inégalités, etc.). La civilisation thermo-industrielle, quant à elle, qui ne concerne qu'une partie de la population du globe, présente, *en plus*, les signes caractéristiques d'un effondrement selon Tainter : une complexité croissante très énergivore (chapitre 5) couplée à l'arrivée d'une phase de rendements décroissants (chapitre 2).

Notre situation diffère cependant des précédentes sur trois points, totalement nouveaux : d'abord par le caractère global de notre civilisation industrielle et des menaces qui pèsent sur elle (climat, dégradations, manque de ressources, risques systémiques, etc.), ensuite par la simultanéité de plusieurs « préconditions » et de nombreux « déclencheurs » potentiels ; et, enfin, sur les possibles interactions (et autorenforcements) entre tous ces facteurs[325]. Aujourd'hui, les menaces sont donc proportionnelles à notre puissance, et la « hauteur » de l'effondrement pourrait se mesurer à l'aune de notre extraordinaire capacité à nous maintenir « hors-sol ».

Comment s'enfonce-t-on ?

La réponse est claire : certainement pas de manière homogène, ni dans le temps ni dans l'espace. Nous présentons ici plusieurs modèles pour tenter d'appréhender ces dynamiques.

Les différents stades d'un effondrement

L'ingénieur russo-américain Dmitry Orlov s'est rendu célèbre en étudiant l'effondrement de l'Union soviétique et en le comparant à l'effondrement – imminent et inévitable, selon lui – des États-Unis[326]. Il a récemment proposé un nouveau cadre théorique dans lequel les effondrements peuvent être décomposés en cinq stades[327] par ordre de gravité croissant : financier, économique, politique, social et culturel. À chaque stade, l'effondrement peut s'arrêter là ou bien s'approfondir en passant au stade suivant dans une sorte de spirale d'effondrement. L'Union soviétique, par exemple, a atteint le troisième stade (l'effondrement politique), débouchant sur une altération profonde mais non sur une disparition de la société russe. Grâce à cette échelle d'Orlov, on dispose d'une gradation pour les effondrements qui peuvent être de nature et d'intensité multiples, analogues à l'échelle de Richter pour les tremblements de terre.

Un **effondrement financier** se produit lorsque « l'espoir d'un "*business as usual*" est perdu. Le risque ne peut plus être évalué et les avoirs financiers ne peuvent plus être garantis. Les institutions financières deviennent insolvables. L'épargne est annihilée et l'accès au capital est perdu ». Adieu donc livrets A, crédits, investissements, assurances et fonds de pension ! Comme cela s'est produit en Argentine en 2001, la confiance, ainsi que la valeur de la monnaie, s'évanouissent rapidement. Les banques restent fermées jusqu'à nouvel ordre et le gouvernement met en place des mesures d'urgence (nationalisations, assouplissements monétaires, assistance sociale, etc.) pour tenter d'éviter les émeutes. Dans ce cas, suggère Orlov, mieux vaut apprendre à vivre avec peu ou pas d'argent...

Un **effondrement économique** est déclenché lorsque « l'espoir que "le marché y pourvoira" est perdu. Les marchandises s'entassent. Les chaînes d'approvisionnement sont rompues. Les pénuries généralisées de biens essentiels deviennent la norme ». Les quantités et la diversité des échanges commerciaux et des informations diminuent drastiquement. L'économie se « décomplexifie » progressivement. Comme cela s'est produit à Cuba dans les années 1990, les importations chutent et les centres commerciaux finissent par fermer, faute de marchandises. Il n'y a plus d'abondance matérielle et l'économie informelle explose : troc, réparation en tout genre, recyclage, brocantes, etc. Pour maîtriser le cours des événements, le gouvernement tente de réguler les marchés en imposant un contrôle des prix ou des politiques de rationnement. Dans ce cas, mieux vaut savoir subvenir aux besoins de base de sa famille et de sa communauté avec ses propres moyens...

Un **effondrement politique** se produit lorsque « l'espoir que "le gouvernement s'occupera de vous" est perdu. Les mesures économiques du gouvernement ont échoué. La classe politique perd sa légitimité et sa pertinence ». C'est un processus de « déstructuration ». Invoquant le maintien de l'ordre, les gouvernements décrètent des couvre-feux ou des lois martiales. Comme dans le cas de l'ex-URSS, la corruption locale finit par remplacer les services autrefois garantis par l'administration. Les services publics ne sont plus assurés, les routes ne sont plus entretenues, les ordures ont du mal à être évacuées, etc. Selon Orlov, pour les États-Unis et pour la majorité des pays riches, ces trois premiers stades sont désormais inévitables.

Un **effondrement social** se produit lorsque « l'espoir que vos pairs s'occuperont de vous est perdu. Les institutions sociales locales, que ce soit les organisations caritatives ou d'autres groupes qui se précipitent pour combler le vide du pouvoir, tombent à court de ressources ou échouent à cause de conflits internes ». On entre donc dans un monde de bandes claniques, de guerres civiles et de « chacun pour soi ». À ce stade, un processus de « dépeuplement » se met en place : conflit, déplacement, malnutrition, famines, épidémies, etc. Mieux vaut donc peut-être faire partie d'une des petites communautés encore soudées dans lesquelles la confiance et l'entraide sont des valeurs cardinales.

Un **effondrement culturel** se produit lorsque « la foi dans la bonté de l'humanité est perdue. Les gens perdent leur capacité de gentillesse, de générosité, de considération, d'affection, d'honnêteté, d'hospitalité, de compassion, de charité ». Dans ce contexte, il devient de plus en plus difficile de s'identifier à l'autre et, en perdant cette capacité d'empathie, on perd ce qu'on appelle habituellement « notre humanité ». Malheureusement, les sciences humaines et sociales ont très peu étudié ces situations exceptionnelles.

Plus récemment, Orlov a proposé d'ajouter un sixième

et dernier stade à ce modèle, celui de l'effondrement écologique[328], où la possibilité de redémarrer une société dans un environnement épuisé serait très faible, pour ne pas dire impossible (voir à la fin de ce chapitre).

À travers le temps

L'observation des systèmes socio-écologiques (interactions entre systèmes naturels et humains) montre que rien de ce qui est vivant n'est vraiment stable, ni en équilibre. Les systèmes complexes sont plutôt soumis à des dynamiques cycliques. Selon la théorie du cycle adaptatif (et de la panarchie) développée par les écologues C. S. Holling et L. H. Gunderson dès les années 1970 dans le cadre de l'étude de la résilience écologique[329], tous les systèmes traversent des cycles de quatre phases : une phase de croissance (r) où le système accumule de la matière et de l'énergie ; une phase de conservation (K) où le système devient de plus en plus interconnecté, rigide, et donc vulnérable ; une phase d'effondrement ou de « relâchement » (Ω) ; puis une phase rapide de réorganisation (α), menant à une autre phase de croissance (dans des conditions souvent très différentes), etc. Le système socio-économique industriel actuel, si l'on considère qu'il peut être analysé par ce modèle, aurait fini sa phase de croissance (chapitre 1), se trouverait en phase de conservation, caractérisée par une vulnérabilité accrue (chapitres 2 et 3) et causée par une forte interconnectivité (chapitre 5) et une rigidification du système (chapitre 4).

Par ailleurs, et loin des modèles cycliques, certains se sont appliqués à étudier la dynamique propre à la phase d'effondrement, afin de tenter de répondre à la question lancinante : combien de temps cela peut-il durer ? Pour le physicien et analyste David Korowicz, cette phase peut prendre, en théorie, trois trajectoires : un déclin linéaire, un déclin oscillant ou un effondrement systémique[330].

Dans le modèle du **déclin linéaire**, les phénomènes économiques répondent proportionnellement à leurs causes. Il s'agit là d'une hypothèse irréaliste où, par exemple, la relation étroite entre la consommation de pétrole et le PIB resterait la même après le pic pétrolier. L'économie se mettrait donc à décroître progressivement et de manière contrôlée, laissant la possibilité et surtout le temps de construire une grande transition vers les énergies renouvelables tout en changeant profondément nos comportements. Cela correspond au plus optimiste des scénarios des objecteurs de croissance et des « transitionneurs » (voir chapitre 10).

Selon le modèle du **déclin oscillant**, le niveau d'activité économique alterne entre des pics de relance et de récession, mais avec une tendance générale au déclin. On trouve une dynamique de ce type dans le cas du prix du pétrole qui, lorsqu'il est haut, plonge l'économie dans la récession, ce qui fait chuter le prix du baril et permet donc de relancer un semblant de croissance jusqu'à ce que le prix du baril atteigne à nouveau des sommets. Chaque récession dégrade toujours un peu plus les capacités de relance du système, qui perd alors progressivement de sa résilience. Les dettes s'amoncellent et la possibilité d'investir dans l'exploitation de combustibles fossiles et les énergies renouvelables se réduit à peau de chagrin. Ce modèle, qui rejoint (dans sa lenteur) celui de l'effondrement « catabolique » proposé par l'écrivain prospectiviste John Michael Greer[331], est bien plus réaliste que le premier et laisse encore une marge suffisante pour permettre aux sociétés de s'adapter. Il est aujourd'hui notre meilleur espoir, et ne dépend que des mesures que nous *sommes en train* de mettre en place.

Basé sur l'étude beaucoup plus précise des dynamiques des systèmes complexes et des réseaux, le modèle d'**effondrement systémique** prête à notre civilisation le comportement d'un système hautement complexe, comme nous l'avons décrit aux chapitres 3 et 5[332]. Mais le dépassement de points de basculement invisibles auquel s'ajoute une succession de petites perturbations peut entraîner des changements considérables dont l'ampleur est pratiquement impossible à anticiper. Les relations de causalité sont non-linéaires, car le système est entremêlé de nombreuses boucles de rétroaction. La conséquence de ce type de dynamique est qu'il est intellectuellement – et sans doute matériellement – difficile d'envisager une contraction progressive et contrôlée du système économique global tout en maintenant le niveau de vie nécessaire pour le contrôler. Autrement dit, ce modèle prédit des dépassements de seuils inaperçus dans un premier temps, mais aux effets ultérieurs combinés, non-linéaires et brutaux, plutôt que de paisibles oscillations ou une décroissance tranquille et maîtrisée du système économique actuel.

À travers l'espace

Le cœur de notre civilisation industrielle est constitué de sociétés hautement techniques et complexes où la classe paysanne a été réduite à quelques pourcentages de la population et où bien des savoir-faire et des sociabilités traditionnelles ont disparu. C'est le cas de tous les pays industrialisés, à l'exception de certaines régions que le « progrès » aurait délaissées. Ainsi, certaines parties « reculées » d'Europe de l'Est et du Sud, ou d'Amérique latine, par exemple, qui conservent encore une classe paysanne, se trouvent dans ce qu'on appelle la semi-périphérie : une zone où l'influence du système-monde[333] n'est pas encore totale. Puis, il reste encore, en périphérie du monde « moderne », quelques zones plus ou moins épargnées, « en voie de développement », qui ont conservé une large partie de leurs systèmes communautaires et traditionnels. Elles ont « maintenu des façons d'agir collectivement à un remarquable degré[334] » pour trois raisons : elles sont restées petites, se sont tenues éloignées des considérations des États du « centre », et sont remarquablement créatives pour maintenir leurs valeurs fondamentales. La chute d'une civilisation ou d'un empire se caractérise d'abord par sa perte de contrôle de la périphérie. Cela réduit les ressources disponibles pour le cœur de l'empire, ce qui en précipite la chute.

Cette description concentrique du monde apparaît utile si l'on considère, comme nous l'avons vu, que le « cœur » du monde industriel est celui qui subira les plus graves conséquences d'un effondrement. Par exemple, les communautés pratiquant l'agroécologie en Zambie ou au Malawi ont été faiblement touchées par la crise alimentaire provoquée par la crise économique de 2008, car elles n'étaient pas connectées au système industriel mondial[335]. Il n'y a pas eu d'émeutes de la faim. Les pays européens, quant à eux, n'ont que très peu d'autonomie sur leur alimentation. Au Royaume-Uni, par exemple, on estime que la production des terres arables ne produit que 50 % des besoins en nourriture de la population[336].

La possibilité qu'un effondrement survienne renverse donc l'ordre du monde. Les régions périphériques et semi-périphériques du système-monde moderne sont les plus résilientes non seulement parce que les chocs économiques et énergétiques qu'elles subiront seront plus faibles (attention, pas les chocs climatiques !), mais surtout parce qu'elles constituent un espace d'autonomie indispensable à la création d'alternatives systémiques, un espace dynamique de changement social. Les « noyaux de redémarrage » d'une civilisation seront-ils alors les régions considérées aujourd'hui comme les moins « avancées » ?

… jusqu'au cou ?

Pourra-t-on redémarrer le système après une courte panne ?

Qui n'a pas déjà imaginé tout arrêter, effacer les ardoises, et repartir sur de nouvelles bases ? Pour le système financier, quoi de plus sain que de l'envisager ? Mais pour le système économique, ses infrastructures industrielles et ses lignes de production, cela pourrait s'avérer bien plus problématique pour une simple raison : « les systèmes rouillent et se dégradent[337] ». Il n'est pas si aisé de redémarrer. Lors de la crise économique de 2008, par exemple, l'Allemagne a subi une forte diminution de son activité de transport. Des trains et locomotives furent donc mis temporairement à l'arrêt, et lorsqu'une année plus tard, la décision fut prise de les remettre en route, de nombreux éléments avaient subi des altérations qui nécessitaient des réparations importantes et coûteuses[338].

Nos sociétés sont résilientes au point de pouvoir encaisser des ruptures soudaines et relativement courtes (alimentation, énergie, transports, etc.). Mais les ruptures trop longues (plusieurs jours à plusieurs semaines) deviennent irréversibles à partir du moment où la décomposition entropique des infrastructures de production devient trop importante. Comme lors d'une crise cardiaque, chaque minute compte et nous éloigne d'un possible « retour à la normale ».

Cet effet « redémarrage » (*reboot*) est d'autant plus marqué qu'une situation d'urgence contraint les acteurs en présence à concentrer leurs efforts sur les besoins immédiats, et de ce fait à sacrifier les investissements pour le futur. De plus, une succession de situations d'urgence réduit progressivement la capacité adaptative (la résilience) des institutions et des personnes, ce qui les rend de moins en moins aptes à organiser des « relances ». Plus pauvres et plus vulnérables, les populations ne pourraient par exemple plus compter sur des « filets de sécurité » comme les polices d'assurance pour absorber le coût des catastrophes, ou sur une économie mondialisée pour redistribuer la production alimentaire. Plus il y a de « crises » et de catastrophes, moins on aura de possibilité de redémarrer facilement « la machine ».

Plus dramatique encore, des pannes d'électricité trop longues, couplées à des ruptures d'approvisionnement en pétrole, pourraient gêner les procédures d'arrêt d'urgence des réacteurs nucléaires. Car – faut-il le rappeler – il faut des semaines, voire des mois de travail, d'énergie et de manutention pour refroidir et éteindre la plupart des réacteurs…

Pourra-t-on redémarrer une civilisation après un effondrement ?

Le système hypercomplexe qu'est notre civilisation a permis l'accumulation d'une gigantesque quantité de connaissances, ce qui a été possible grâce à la consommation d'une grande quantité d'énergie (comme nous l'avons vu), mais aussi par la mise en réseau d'un nombre très important de personnes. En effet, les anthropologues ont constaté depuis longtemps que la complexité d'une culture était proportionnelle à la taille du « groupe » humain dans lequel elle se développe. Selon la théorie, que vient récemment appuyer une expérience réalisée par une équipe de chercheurs de l'université de Montpellier[339], plus les groupes sont grands, moins les connaissances se perdent accidentellement, et plus l'innovation est foisonnante. Autrement dit, les grandes sociétés confèrent des avantages évolutifs concrets en termes d'adaptation aux conditions du milieu. Mais cet avantage implique une contrepartie : l'impossibilité de revenir en arrière. « Plus nous dépendons de grands pans de connaissances pour notre survie, plus nous avons besoin de vivre en grands groupes[340]. » Comme le constatent les chercheurs, la réduction de la taille d'un groupe peut donc provoquer d'importantes pertes de compétences, et donc accélérer un déclin ou déclencher un effondrement de société. Ainsi, la possibilité que notre civilisation industrielle subisse une « démondialisation » et une « réduction de complexité » porte en elle une autre éventualité : l'impossibilité de conserver toute la culture de notre civilisation, au sein de laquelle on trouve certains savoirs propres à la survie d'une majorité d'entre nous.

S'il n'est pas possible de transmettre aux générations futures tout notre savoir, alors se pose un autre problème majeur, toujours le même : le risque nucléaire. Comment faire en sorte que les générations futures arrivent à « gérer » cette filière énergétique ? Rien qu'aujourd'hui, celle-ci se trouve face à une situation dramatique de renouvellement du savoir. En France, par exemple, « le président d'EDF a déclaré en 2011 que, jusqu'en 2017, la moitié des agents travaillant dans le nucléaire partiront à la retraite. Comment est-ce qu'on forme la moitié des techniciens d'une flotte de 58 réacteurs nucléaires en 6 ans ? [...] Beaucoup d'ingénieurs nucléaires jeunes diplômés n'entrent pas dans la filière ou la quittent après peu de temps[341] ». Plus cocasse, des chercheurs américains se sont rendu compte que la meilleure manière de transmettre des savoirs sur de très longues périodes était la tradition orale, c'est-à-dire la transmission de mythes par la parole (et non par les écrits ou, pire, par données électroniques). Ainsi, les experts nucléaires sont donc allés chercher conseil auprès des « spécialistes » de ces traditions : les rares indigènes américains encore vivants, ceux précisément dont le peuple a été chassé pour l'exploitation de l'uranium[342]...

Sans le savoir technique déjà accumulé, comment feront les générations futures pour tenter de traiter la toxicité des déchets que notre génération a produits ? Voilà une question cruciale qui ne se pose que *dans le meilleur des cas*, celui où les quelque 230 réacteurs actuellement en fonctionnement auront pu être arrêtés avec succès. En effet, non seulement les instabilités géopolitiques et le réchauffement climatique menacent gravement le fonctionnement normal des réacteurs (terrorisme, conflits armés, manque d'eau pour le refroidissement, inondations, etc.)[343], mais, en cas d'effondrement financier, économique puis politique des régions nucléarisées, qui pourra garantir le maintien en poste des centaines de techniciens et d'ingénieurs chargés de la simple extinction des réacteurs[344] ?

Bien entendu, la vie ne s'arrête pas après un accident nucléaire, comme en témoigne le retour de la vie sauvage dans la région autour de la centrale de Tchernobyl et en particulier dans la ville fantôme de Pripiat. Mais de quelle vie s'agit-il ? De celle qui permettra à nos descendants de reconstruire une civilisation ?

10.
ET L'HUMAIN DANS TOUT ÇA ?

Au fond, la vraie question que pose l'effondrement de la civilisation industrielle, au-delà de sa datation précise, de sa durée ou de sa vitesse, c'est surtout de savoir si nous, en tant qu'individus, allons souffrir ou mourir de manière anticipée. Projetée à l'échelle des sociétés, c'est la question de la pérennité de notre descendance, et même de notre « culture ». Tout cela peut-il s'arrêter plus vite que prévu ?

L'effondrement et même l'étude de l'effondrement sont des opportunités de voir l'être humain sous un autre angle. Nous entrerons donc dans les arcanes du sujet par plusieurs portes : la démographie, la psychologie, la sociologie et la politique, qui sont autant de branches d'une collapsologie encore balbutiante.

Combien sera-t-on à la fin du siècle ? (démographie de l'effondrement)

On ne saurait discuter d'effondrement sans aborder la question démographique. Le problème, c'est qu'il n'est pas possible de discuter sereinement de démographie. C'est un sujet absolument tabou et rares sont ceux qui osent aborder la question publiquement[345] sans craindre de voir immédiatement arriver un point Godwin (un moment à partir duquel toute discussion devient impossible parce que l'une des personnes traite l'autre de nazi). En démographie, ce seuil est d'une autre nature, mais il est toujours le même : « Vous voulez faire comme en Chine, c'est ça ? »

Dans un débat sur l'avenir du monde, on peut aborder tous les sujets et discuter tous les chiffres de l'énergie, du climat, de l'agriculture, de l'économie, mais jamais on ne remet en cause les chiffres officiels de l'ONU sur la population : 9 milliards en 2050, et entre 10 et 12 milliards en 2100[346]. Tentez l'expérience : lancez, par exemple, un débat sur l'avenir de l'agriculture avec n'importe quelle personne, et toute argumentation *commencera* par ce chiffre massue, 9 milliards en 2050.

Or – faut-il le rappeler ? – ce chiffre est une prévision mathématique issue d'un modèle théorique. Ce dernier est d'ailleurs sérieusement déconnecté des réalités du système-Terre, car il est uniquement basé sur des projections des taux de natalité, des taux de mortalité et des taux d'immigration des populations actuelles, sans tenir compte de facteurs comme les ressources, l'énergie, l'environnement, ou la pollution. C'est donc un modèle « hors-sol », qui se résume ainsi : notre population devrait arriver à 9 milliards en 2050 *toutes choses étant égales par ailleurs*. Le problème est que toutes les choses ne restent pas égales, comme nous l'avons détaillé dans la première partie de ce livre. Il est donc possible que nous soyons moins que prévu en 2050 ou en 2100. Mais alors, combien serons-nous ?

Pour l'équipe Meadows (voir chapitre 8), qui a développé au MIT un modèle bien plus ancré au système-Terre, l'instabilité de notre civilisation industrielle mène à un déclin « irréversible et incontrôlé » de la population humaine à partir de 2030. Bien entendu, ce n'est pas une prévision, car, malgré sa robustesse, ce modèle ne tient pas compte des cygnes noirs, c'est-à-dire des aléas positifs (inventions géniales ou sursauts humanistes) et négatifs (guerre totale, astéroïde géant, graves accidents nucléaires, etc.). Alors qui croire ?

Cornucopiens ou malthusiens ?

En fait, l'importance de ces deux modèles n'est pas tant de nous donner des bonnes prévisions que de nous illustrer deux manières de voir le monde : la vision cornucopienne et la vision malthusienne. Le cornucopien est celui qui vit dans le mythe de la corne d'abondance selon lequel l'avenir est un progrès continu et illimité où l'humain continuera à maîtriser son environnement grâce à sa puissance technique et à son inventivité. Pour les malthusiens, au contraire, cette puissance et cette inventivité ont des limites (et des frontières, donc), et nous arrivons à un moment où il devient difficile, pour ne pas dire impossible, de continuer la trajectoire de croissance continue (de nos consommations, nos impacts et notre démographie) que nous avons empruntée depuis le début de la modernité.

Ces deux imaginaires ne sont ni incompatibles ni exclusifs. Simplement, ils se succèdent. Les animaux vivent dans un monde malthusien où les limites de leur population et de leur consommation sont fixées par les capacités de charge du milieu. Les humains alternent entre des phases cornucopiennes et malthusiennes, enchaînant des cycles de civilisations depuis des milliers d'années : naissance, croissance, stagnation, déclin, puis renaissance ou extinction. La phase de croissance est évidemment cornucopienne, car l'environnement est encore relativement intact. Puis, à chaque « poussée démographique », l'étau des limites du milieu se resserre autour de la population, ce qui stimule l'innovation technique et permet de repousser artificiellement les premières limites physiques[347]. Mais il arrive un moment où la civilisation se heurte à tant de limites et de frontières (en général, le climat, les ressources, la complexité et la politique) qu'elle bascule à nouveau brutalement dans un monde malthusien. Alors, l'effectif des populations chute car la société n'est plus capable de maintenir les conditions de sa propre survie.

Toute la question est donc de savoir si (et quand) les pays industrialisés basculeront à nouveau dans ce monde malthusien pour rejoindre le cortège des pays qui souffrent déjà des guerres, des famines et des maladies. La courbe du taux global de mortalité repartirait alors sérieusement à la hausse, curieusement suivie de quelques années par la courbe de natalité (mais dans une moindre mesure). En effet, le paradoxe est que, dans un monde malthusien, les humains font beaucoup d'enfants ! Alors que dans un monde d'abondance matérielle les taux de natalité chutent (c'est la fameuse « transition démographique »). Mais ce regain de natalité qui suivrait un effondrement, cette « pulsion de vie », ne pourrait pas compenser l'explosion du taux de mortalité. Bien au contraire, elle contribuerait à l'accélération de l'épuisement des ressources. Telle serait donc la logique d'une démographie d'un effondrement.

Ces tendances sont décrites par les courbes du rapport Meadows, mais elles mériteraient des travaux bien plus fins et rigoureux. En attendant, les pronostics de certains collapsologues, basés essentiellement sur l'intuition ou les calculs à la grosse louche, vont bon train. On croise des chiffres allant de quelques millions à 1 ou 2 milliards d'habitants sur Terre en 2100… Car si l'on considère l'afflux d'énergie fossile qui a permis l'explosion démographique du siècle dernier, il est très perturbant d'imaginer un monde privé, par exemple, d'engrais azotés industriels (fabriqués à partir de grandes quantités de gaz naturel)[348]. Pour Vaclav Smil, chercheur spécialiste des liens entre énergie, environnement et population, sans les engrais qui ont permis à l'agriculture industrielle de produire beaucoup (à un coût énergétique prohibitif), deux personnes sur cinq ne seraient pas en vie aujourd'hui dans le monde[349]. En Belgique, par exemple, quatrième pays le plus dense du monde, avec 9 habitants par hectare de terre arable, on peut se demander comment se nourrira la population si le système alimentaire industriel s'effondre avant que ne soient mis en place des systèmes agroécologiques résilients et productifs[350].

Être riches ou nombreux ?

Les personnes allergiques au débat sur la dénatalité arguent qu'il faut d'abord diminuer l'empreinte écologique par habitant des pays les plus riches – et surtout mieux redistribuer les richesses – avant d'envisager de discuter de démographie. L'argument est recevable, dans la mesure où l'impact d'une population sur son milieu dépend de trois facteurs : sa population (P), son niveau de vie (A) et son niveau technique (T) [I = P × A × T][351]. Mais ne compter que sur une diminution des deux derniers termes (réduction du niveau de consommation et amélioration de l'efficacité technique) est loin d'être suffisant pour infléchir sérieusement notre trajectoire exponentielle. Non seulement nous n'y sommes jamais arrivés (entre autres raisons à cause de l'effet rebond[352] et du phénomène de consommation ostentatoire), mais tous ces efforts resteront vains si le premier terme continue d'augmenter.

La question des limites et du franchissement des frontières est devenue très gênante, car en attendant que d'hypothétiques mesures politiques réduisent les insupportables inégalités de notre monde, elle se traduit en termes démographiques comme ceci : préférons-nous globalement être moins nombreux et consommer plus, ou plus nombreux et consommer moins ? Pour l'instant, les rares tentatives de réduction volontaire de la population et de la consommation n'ont pas donné de très bons résultats, et on ne voit toujours pas émerger de débats institutionnels sérieux. Mais si nous ne pouvons aujourd'hui envisager de décider collectivement qui va naître (et combien), pourrons-nous dans quelques années envisager sereinement de décider qui va mourir (et comment) ?

Va-t-on s'entretuer ? (sociologie de l'effondrement)

Un avenir à la Walking Dead

Les déplacements massifs de populations et les conflits pour l'accès aux ressources ont déjà commencé. La guerre du Darfour a été l'un des premiers cas (en tout cas le plus connu) de « guerre du climat[353] ». Selon Harald Welzer, psychologue social et spécialiste des liens entre l'évolution des sociétés et la violence, ces conflits sont amenés à s'amplifier et à se multiplier, car quelles que soient les causes, les humains, par la construction de fictions identitaires, trouvent toujours une justification pour s'entretuer. Même si les causes premières sont le manque de ressources, les déplacements de populations, les famines, les maladies ou les événements climatiques extrêmes, les conflits armés peuvent prendre les apparats de conflits religieux ou de guerres de convictions.

Welzer montre comment une société peut lentement et imperceptiblement repousser les limites du tolérable au point de remettre en cause ses valeurs pacifiques et humanistes, et sombrer dans ce qu'elle aurait considéré comme inacceptable quelques années auparavant. Les gens s'habitueront (et s'habituent déjà) aux événements climatiques extrêmes, aux épisodes de disette ou aux déplacements de population. Les habitants des pays riches s'habitueront aussi très probablement à des politiques de plus en plus agressives envers les migrants ou envers d'autres États, mais surtout ressentiront de moins en moins cette injustice que ressentent les populations touchées par les catastrophes. C'est ce décalage qui servira de terreau à de futurs conflits.

Selon le dernier rapport du GIEC, le changement climatique « augmentera les risques de conflits violents, qui prendront la forme de guerres civiles et de violences intergroupes[354] ». En 2013, une étude parue dans la revue *Science* confirme cette tendance en montrant, grâce à des données historiques remontant à plus de 10 000 ans sur 45 conflits dans l'ensemble du globe, qu'une élévation de la température moyenne et un changement du régime des précipitations étaient systématiquement corrélés à une augmentation des violences interpersonnelles et des conflits armés[355].

Bien entendu, le climat ne sera pas la seule cause des futurs conflits, et cette simple corrélation ne doit pas cacher le fait que la complexité sociopolitique et culturelle des relations entre les sociétés et les individus est aussi à l'œuvre dans ce genre de dynamiques[356]. Cependant, même si les scientifiques ne sont pas encore en mesure de chiffrer avec certitude cette corrélation climat-violence (est-il possible de le faire ?), ils n'ont pas de doute sur le fait que les catastrophes environnementales (énergie, eau, climat, pollutions, etc.) seront une source évidente de conflits armés et d'instabilité sociale, particulièrement dans les pays émergents[357].

La convergence des « crises » inquiète aussi sérieusement les gouvernements, les armées, et les agences chargées de la sécurité intérieure. Comme le précise l'expert en sécurité internationale Nafeez Mosaddeq Ahmed, le Pentagone, par exemple, s'attend à ce que les catastrophes provoquent une colère généralisée des populations envers les gouvernements et les institutions dans les prochaines années[358]. Ces derniers anticipent donc un monde de tensions et d'incertitudes en se préparant à une augmentation de la fréquence des conflits armés, des émeutes et des attentats terroristes, et en surveillant leur population, y compris les mouvements pacifistes, comme l'ont montré les révélations d'Edward Snowden sur les programmes de surveillance mondiale de la NSA. Or c'est bien souvent cette escalade de la violence *présumée* qui génère de la violence réelle...

L'entraide en temps de catastrophe

Ce qui nous fait peur dans l'idée d'une grande catastrophe, c'est la disparition de l'ordre social dans lequel nous vivons. Car une croyance extrêmement répandue veut que, sans cet ordre qui prévaut avant le désastre, tout dégénère rapidement en chaos, panique, égoïsmes et guerre de tous contre tous. Or, aussi surprenant que cela puisse paraître, cela n'arrive pratiquement jamais. Après une catastrophe, c'est-à-dire un « événement qui suspend les activités normales et menace ou cause de sérieux dommages à une large communauté[359] », la plupart des humains montrent des comportements extraordinairement altruistes, calmes et posés (sont exclues de cette définition les situations où il n'y a pas d'effet de surprise, comme les camps de concentration, et les situations plus complexes des conflits armés). « Des décennies de recherches sociologiques méticuleuses sur le comportement humain face aux désastres, aux bombardements durant la Seconde Guerre mondiale, aux inondations, aux tornades, aux tremblements de terre et aux tempêtes à travers le continent et ailleurs dans le monde l'ont démontré[360]. » Dans ces situations, certains prennent même des risques insensés pour aider des personnes autour d'eux, aussi bien des proches que des voisins ou de parfaits étrangers. Aussi surprenant que cela puisse paraître, l'image d'un être humain égoïste et paniqué en temps de catastrophe n'est pas du tout corroborée par les faits.

Souvenez-vous des images de l'ouragan qui a dévasté la Nouvelle-Orléans en 2005 aux États-Unis : des vues aériennes de centaines de toits de maisons immergées dans une vaste étendue d'eau trouble, des rescapés – pour la plupart noirs – secouant les bras sur ces mêmes toits, des barques de secours transportant les survivants et des militaires armés encadrant les recherches et les secours d'urgence… On se souvient des commentaires des médias : vols, pillages, viols et meurtres… Le chaos.

Quelques années plus tard, on peut l'affirmer avec certitude, notre imaginaire nous a trompés. Les images d'inondations et de militaires armés étaient bien réelles, mais ce souvenir de la catastrophe, ou plus précisément le souvenir *de la violence sociale issue de la catastrophe*, ne correspond pas à la réalité. Il correspond à un discours fabriqué de toutes pièces, que les médias ont colporté sans vérification préalable. Car les crimes annoncés n'ont jamais eu lieu ! Ceci est d'autant plus grave que ce mensonge a conditionné l'envoi sur les lieux de milliers de policiers et de militaires armés et stressés… qui ont *réellement* agressé les populations en détresse et causé de vraies violences, dont les médias se sont ensuite nourris pour justifier le mythe de la violence en temps de catastrophe.

Parmi les sources de ce malentendu, il y eut le maire de la ville, Ray Nagin, et le chef de la police, Edward Compass, qui, très tôt après le drame, ont fait circuler des rumeurs de crimes, des vols et même de viols d'enfants. Bien plus tard, des journalistes découvriront que ces rumeurs n'étaient pas fondées, conduisant ainsi le chef de la police à démissionner et à déclarer publiquement : « Nous n'avons d'information officielle sur aucun meurtre, aucun viol, aucune agression sexuelle[361]. »

Lorsqu'on se penche sur les témoignages des rescapés des attentats du 11 septembre 2001, les attentats à la bombe de Londres, des déraillements de trains, des crashs d'avions, des explosions de gaz ou des ouragans, tous convergent sur le fait que l'écrasante majorité des survivants reste calme, s'entraide et s'auto-organise. En fait, les individus sont à la recherche de sécurité avant toute chose, ils sont donc peu enclins à la violence, et peu susceptibles de causer du tort à leurs semblables. En somme, les comportements de compétition et d'agressivité sont mis de côté, dans un élan général où tous les « je » deviennent instantanément des « nous » avec une force que rien ne semble arrêter. Comme si des conditions extraordinaires faisaient ressortir des comportements extraordinaires[362].

Les communautés humaines portent en elles de formidables capacités d'« autoguérison ». Invisibles en temps normal, ces mécanismes de cohésion sociale très puissants permettent à une communauté de renaître d'elle-même après un choc en recréant des structures sociales qui favorisent sa survie dans le nouvel environnement. Le vrai problème est que les plans d'urgence actuellement en place concentrent toujours leurs efforts sur la préservation des structures physiques (bâtiments, institutions, etc.). Or, les scientifiques commencent à comprendre que « les réseaux économiques et sociaux sont plus résilients que les bâtiments. Les bâtiments s'écroulent, mais les ressources humaines restent[363] ». Se préparer à une catastrophe signifie donc d'abord tisser du lien autour de soi.

À ce stade des recherches en « sociologie des catastrophes », la question cruciale est de savoir si l'on peut comparer une catastrophe ponctuelle à un ensemble de catastrophes intenses, répétées et à grande échelle telles qu'elles s'annoncent. La « résilience des communautés » fonctionnera-t-elle de la même manière sur la durée d'un effondrement ? Rien n'est moins sûr. On sait bien qu'en temps de guerre (surtout civile), l'ordre social se décompose parfois si rapidement que les actes les plus barbares peuvent naître parmi les populations les plus « normales ». Néanmoins – et c'est au moins un acquis – nous savons qu'à l'épicentre d'une catastrophe ponctuelle *qui ne s'annonce pas*, les humains possèdent cette capacité insoupçonnée, ce qui est déjà considérable en soi.

L'entraide et l'altruisme d'un côté, la compétition et l'agression de l'autre, sont les deux faces de la même pièce, la nature humaine. Leurs proportions relatives chez un individu ou une société dépendent d'une infinité de facteurs. Comme une recette secrète et multimillénaire, les ingrédients de l'entraide, cette fragile alchimie, demeurent subtils et complexes. Aujourd'hui, les sciences du comportement découvrent que la coopération au sein de groupes humains peut très rapidement virer à la compétition, mais que l'inverse est également vrai[364]. Par ailleurs, de nombreuses études et observations contredisent le mythe fondateur de notre société libérale qui consiste à croire que l'état de nature sauvage est celui de la loi du plus fort et de la guerre de tous contre tous[365]. Ce champ de recherches est l'un des plus passionnants – et des plus urgents – de la collapsologie.

Personne ne peut dire de quelle fibre le tissu social de l'effondrement sera composé, mais il est certain que l'entraide y jouera un rôle considérable, pour ne pas dire primordial. En effet, il semble évident que l'individualisme est un luxe que seule une société richissime en énergie peut se payer. Pourquoi s'entraider si nous disposons tous d'un « demi-millier d'esclaves énergétiques[366] » ? Pour le dire autrement, en temps de pénurie énergétique, il y a fort à parier que les individualistes seront les premiers à mourir. Les groupes capables de montrer des comportements coopératifs remarquables auront plus de chance de survivre, comme cela a été le cas pendant les millions d'années qui nous ont séparés de nos ancêtres communs avec les autres primates[367]. Paradoxalement, donc, nous entrons bientôt dans l'ère de l'entraide.

De l'importance de voir des films et de lire des romans

Il ne faut toutefois pas être naïf. Les choses seront bien plus complexes qu'on ne l'imagine. Penser l'effondrement, c'est faire en permanence l'exercice de renoncer à une vision homogène des choses.

En situation de crises graves à répétition, personne n'aura la même vision des événements, et donc ne réagira de la même manière. D'abord, la représentation initiale de l'événement (même s'il est marquant et objectif) diffère en général suivant les individus, si bien qu'au même moment, les acteurs risquent de ne pas parler de la même chose. Pire, s'il y a plusieurs événements, comme c'est souvent le cas dans les réactions en chaînes (effondrement de la Bourse qui dégénère en crise alimentaire, ou énergétique, etc.), les acteurs risquent de ne pas traiter les mêmes « problèmes ». Dès lors, il est certain qu'en cas de catastrophes à répétition, les objectifs de chacun seront très différents : alors que certains auront pour obsession de revenir à l'ordre antérieur, d'autres se concentreront sur la pérennité des institutions, et d'autres en profiteront pour changer l'ordre social. Tout cela sans compter qu'il sera difficile d'acquérir des informations fiables sur l'évolution de la situation en temps réel.

En fait, presque tout se jouera sur le terrain de l'imaginaire et des représentations du monde. Par exemple, il est probable que certains lecteurs ne croient toujours pas à ce qui est affirmé à la section précédente sur l'entraide en temps de catastrophe, car ils sont convaincus que l'être humain est fondamentalement égoïste et violent s'il n'est pas encadré par des lois. D'autres, peut-être, croient toujours qu'en cas de catastrophe, les gens se comportent de manière irrationnelle, hurlant, se bousculant et courant dans tous les sens[368]. Cet imaginaire de la foule irrationnelle, qui n'est pas basé sur des faits mais qui est continuellement nourri par l'industrie du cinéma hollywoodien, pénètre si bien notre inconscient que nous le tenons pour acquis.

Les initiatives de transition ont remarquablement bien compris que la bataille (et l'effort à faire) se situe sur le terrain de l'imaginaire et du *storytelling* (l'art de raconter des histoires). En effet, chaque culture et chaque génération se raconte sa propre histoire. Les récits véhiculent les interprétations des événements historiques, les légendes et les mythes qui nous aident à comprendre comment notre monde est agencé et comment il pourrait être délibérément ajusté ou transformé. Les récits font naître des identités collectives, formant ainsi des communautés de destins[369].

Aujourd'hui, les récits culturels dominants parlent de technologie, de l'ingéniosité humaine sans limites, de la compétition et de la loi du plus fort comme seul principe de vie, ou de l'implacable marche en avant du progrès. Mais c'est une boucle autopoiétique (qui s'autoentretient) : on devient survivaliste parce qu'on croit au mythe de la barbarie, mais en se préparant au pire, on crée une peur chez les autres qui favorise un climat de tension, de suspicions et de violence, qui justifie ensuite le mythe. Tout l'enjeu de la transition serait donc de jouer sur les récits et les mythes pour inverser ces spirales de violence, de nihilisme et de pessimisme. Et si, tout en regardant les catastrophes les yeux dans les yeux, nous arrivions à nous raconter de belles histoires ?

Nous avons grandement besoin de nouveaux récits transformatifs pour entrer dans une grande période d'incertitude, des histoires qui raconteraient la réussite d'une génération à s'affranchir des énergies fossiles grâce, par exemple, à l'entraide et la coopération. Travailler l'imaginaire, c'est cela : se trouver des récits qui permettent de ne pas entrer en dissonance cognitive et en déni. « Décolonisons l'imaginaire ! », pour reprendre l'expression de l'économiste Serge Latouche. Écrire, conter, imaginer, faire ressentir... il y aura beaucoup de travail pour les artistes dans les années qui viennent.

Les initiatives de transition et leurs fameux contes de la transition (*transition tales*)[370] sont un bon exemple. À travers des films, des raps, des articles de journaux, des journaux télévisés du futur, des bandes dessinées et des animations, les transitionneurs inventent leur propre futur, celui dans lequel ils aimeraient vivre dans vingt ou trente ans. En imaginant un avenir meilleur (mais sans pétrole et avec un climat instable), les initiatives de transition libèrent ainsi les gens de ce sentiment d'impuissance si toxique et si répandu dans la population. « Ce travail sur l'imaginaire collectif participe du renforcement de la résilience locale, parce qu'il acculture insensiblement la population à la perspective d'un avenir postpétrole et postcroissance, inéluctablement plus sobre[371]. » Ces récits permettent aussi à des non-experts (du climat, de l'énergie, etc.) de participer à l'élaboration d'un avenir commun, d'une prospective, dont ils seront aussi les acteurs.

Le plus important, pour ne pas dire l'urgence, serait de reconstruire un tissu social local solide et vivant, afin d'instaurer progressivement un climat de confiance, c'est-à-dire en fin de compte un « capital social » qui puisse servir en cas de catastrophe. Il faut donc dès maintenant sortir de chez soi et créer des « pratiques » collectives[372], ces aptitudes à vivre ensemble que notre société matérialiste et individualiste a méthodiquement et consciencieusement détricotées au cours de ces dernières décennies. Nous en sommes convaincus, ces compétences sociales sont notre seule vraie garantie de résilience en temps de catastrophe.

Pourquoi la plupart des gens n'y croient pas ? (psychologie de l'effondrement)

The Big One, le tremblement de terre qui dévastera la Californie : on sait qu'il va venir, un jour, mais la plupart des Californiens l'oublient au quotidien. Imaginez maintenant que vous êtes californien et que des appareils de détection des tremblements de terre indiquent que *The Big One* aura lieu probablement avant 2020, et sûrement avant 2030. Comment réagiriez-vous ? Cela changerait-il votre vie ?

Lorsqu'on leur dit la vérité, la plupart des gens ont tendance à devenir pessimistes et résignés, ou tout simplement à totalement rejeter le message. Mais de nombreux facteurs peuvent expliquer ce comportement.

Les barrières cognitives : ne pas voir

Les recherches dans le domaine sont foisonnantes ! La moitié du livre du philosophe Clive Hamilton, *Requiem pour l'espèce humaine*[373], traite de cette question : pourquoi n'avons-nous pas réussi à réagir à la menace que représente le réchauffement climatique ?

Une première série de raisons est d'ordre cognitif. Nous ne sommes simplement pas équipés pour percevoir les dangers que représentent les menaces systémiques ni les menaces à long terme. Nos cerveaux sont au contraire très performants pour traiter les problèmes immédiats. Au cours des derniers millénaires, les pressions de sélection de l'environnement ont favorisé la sensibilité aux dangers concrets et visibles[374], et de ce fait, nous répondons aux risques en écoutant nos émotions instinctives plutôt qu'en utilisant notre raison ou notre intuition. Daniel Gilbert, professeur de psychologie à l'université Harvard (États-Unis), résume cela par une boutade : « De nombreux écologistes disent que le changement climatique est trop rapide. En fait, il est trop lent. Il n'arrive pas assez vite pour obtenir notre attention[375]. » Assurément, un résumé du GIEC provoque moins de sécrétion d'adrénaline que la vue d'un loup qui s'approche de nous en grognant. « Cela explique pourquoi nous ressentons de la peur dans des contextes que nous savons (aujourd'hui) sans danger, comme lorsque nous voyons une tarentule dans une boîte en verre ou que nous grimpons sur la terrasse d'un gratte-ciel, alors que nous n'éprouvons aucune peur en présence d'objets réellement dangereux comme des armes à feu ou des voitures[376]. »

Par ailleurs, il y a cet effet d'habituation que nous avons abordé précédemment. Il est illustré par l'histoire de la grenouille qui bondit lorsqu'elle est plongée directement dans une casserole d'eau bouillante, mais qui reste dedans jusqu'à en mourir lorsqu'on la plonge dans l'eau froide et qu'on la réchauffe progressivement. Nous nous sommes habitués à un baril qui dépasse les 100 dollars, alors que dans les années 1980 et 1990, il n'était qu'à 20 dollars. Dans le même ordre d'idée, quel pêcheur professionnel anglais réalise qu'avec toutes les technologies de son bateau, il ne ramène plus que 6 % de ce que ses ancêtres en bateaux à voile débarquaient 120 ans plus tôt après avoir passé le même temps en mer[377] ?

Les mythes nous empêchent aussi de voir la réalité des catastrophes. L'obsession de la croissance économique dans nos sociétés modernes est extrêmement puissante. Comme le dit Dennis Meadows, l'un des auteurs du rapport au Club de Rome de 1972, « si vous croyez que le marché est conduit par la "main invisible", si vous pensez que la technologie a la capacité magique de résoudre tous les problèmes de pénurie physique ou si vous imaginez qu'une présence divine va descendre sur terre pour nous sauver tous de notre folie, vous demeurez totalement indifférents à la question des limites physiques[378] ».

En fait, parce que ces mythes ont fondé notre identité et notre vision du monde, et qu'ils sont profondément enracinés dans notre esprit, ils ne peuvent tout simplement pas être remis en cause à chaque nouvelle information qui surgit. C'est même le contraire qui se passe : l'esprit cherche par tous les moyens à faire entrer une nouvelle information dans le cadre du mythe qui le fonde.

Le déni : ne pas croire

Le plus fascinant et le plus étrange dans la problématique des catastrophes est qu'il n'est pas rare que nous sachions ce qui se passe – et ce qui risque de se passer –, mais que nous n'y croyons pas. En effet, personne ne peut dire aujourd'hui qu'il manque des données scientifiques sur les constats alarmants ou que les médias n'en font pas assez mention. Mais, force est de constater que, pour la plupart des gens, ces informations ne sont pas crédibles. « Nous tenons la catastrophe pour impossible dans le même temps où les données dont nous disposons nous la font tenir pour vraisemblable et même certaine ou quasi certaine. […] Ce n'est pas l'incertitude, scientifique ou non, qui est l'obstacle, c'est l'impossibilité de croire que le pire va arriver[379]. » Autrement dit, l'accumulation de données scientifiques est nécessaire, mais n'est pas suffisante pour traiter pleinement la question de l'effondrement.

Comme l'a observé Dennis Meadows, au cours des quarante dernières années « nous avons simplement continué à changer les raisons de ne pas changer notre comportement[380] ». Pour preuve, il compare les réactions que son rapport a suscitées au fil des décennies.

> Dans les années 1970, les critiques affirmaient : « Il n'y a pas de limites. Tous ceux qui pensent qu'il y a des limites ne comprennent tout simplement rien... » Dans les années 1980, il devint clair que les limites existaient, les critiques ont alors dit : « D'accord, il y a des limites, mais elles sont très loin. Nous n'avons pas à nous en soucier. » Dans les années 1990, il est apparu qu'elles n'étaient pas si éloignées que cela. [...] Alors, les partisans de la croissance ont clamé : « Les limites sont peut-être proches, mais nous n'avons pas besoin de nous inquiéter à leur sujet parce que les marchés et la technologie résoudront les problèmes. » Dans les années 2000, il a commencé à devenir évident que la technologie et le marché ne résoudraient pas la question des limites. La réponse a changé une fois de plus : « il faut continuer à soutenir la croissance, parce que c'est ce qui nous donnera les ressources dont nous avons besoin pour faire face aux problèmes[381] ».

Clive Hamilton a analysé toutes les formes de déni qui nous empêchent de faire face à la réalité du réchauffement climatique. L'une des plus importantes selon lui est le phénomène de dissonance cognitive, qu'il illustre par l'histoire d'une secte qui a sévi aux États-Unis dans les années 1950.

Le gourou, une femme du nom de Marian Keech, affirmait recevoir des messages d'un extraterrestre qui lui annonçait l'imminence du Jugement dernier. Un déluge apocalyptique s'abattrait bientôt sur l'humanité et, pour y échapper, l'extraterrestre enverrait une navette spatiale récupérer les croyants le 21 décembre 1954 à minuit. Le jour dit, les adeptes de la secte se sont réunis, mais à minuit, personne n'est venu les chercher.

Contrairement à ce qu'on pourrait croire, la réaction des membres de la secte ne fut ni la déception ni le désespoir, bien au contraire ! Ils s'empressèrent de raconter à la presse la cause de leur excitation : l'extraterrestre avait finalement décidé de sauver l'humanité grâce à la lumière qu'avait répandue le groupe d'adeptes. Ainsi, face à des sceptiques qui pensaient que tout ce que faisait la secte était vain, Marian Keech, contre toute attente, affirmait que c'était justement la dévotion de tous ses membres qui avait permis de sauver l'humanité. Le mythe est plus fort que les faits.

Pour Meadows, il est clair que « nous ne voulons pas savoir ce qui se passe réellement, nous voulons la confirmation d'un ensemble d'impressions que nous possédons déjà[382] ». Les climato-sceptiques, par exemple, ne sont donc pas de vrais sceptiques, ils ne sont pas à la recherche de faits qu'ils pourraient soumettre à une analyse rigoureuse, au contraire, ils s'opposent d'abord à tout ce qui contredit leur vision du monde, puis cherchent des raisons pour justifier ce rejet.

Ils sont même allés plus loin en organisant une véritable entreprise collective de déni « actif ». Des acteurs très puissants du monde industriel, en finançant des *think-tanks*, ont réussi à fabriquer un « climat » d'incertitude et de controverse autour de faits scientifiques pourtant bien établis. Cette stratégie du doute et de l'ignorance, destinée à masquer les effets nuisibles de leurs produits, est aujourd'hui bien documentée dans les cas du tabac, de l'amiante, des pesticides, des perturbateurs endocriniens et depuis peu du réchauffement climatique[383]. Elle a été particulièrement efficace dans l'échec des négociations sur le climat en 2009 à Copenhague, et il n'y a pas de doute quant au fait qu'elle sera à l'œuvre avant et pendant le sommet de Paris en décembre 2015.

Mais les multinationales et les compagnies pétrolières ne sont pas les seules coupables, les gouvernements ont aussi leur part de responsabilité. Ainsi en témoigne l'adoption d'une loi en Caroline du Nord (États-Unis), qui interdit que l'on évoque publiquement la hausse du niveau des mers. Si l'on y ajoute des nouvelles lois sur « la gestion responsable des dépenses de l'État », on peut aisément comprendre le désarroi des climatologues, qui perdent ainsi la possibilité – et le droit ! – de discuter de leurs résultats à des colloques scientifiques ou d'en faire part aux médias[384].

Sommes-nous trop catastrophistes ?

La psychologie de l'effondrement est pleine de contradictions et de malentendus. Beaucoup se plaignent que les rapports du GIEC sont trop alarmistes, et que les médias tombent facilement dans ce travers. Mais le GIEC représente, rappelons-le, un consensus ! Il génère donc par définition un discours consensuel, neutre et lisse qui contraste avec bien des publications scientifiques, et ne prend pas en compte par ailleurs les études les plus récentes (et donc souvent les plus catastrophistes)[385]. Si l'on en croit les faits, le GIEC est donc tout sauf pessimiste.

Par ailleurs, alors que l'attitude catastrophiste n'est, en général, pas bien perçue, beaucoup de gens, pourtant, pensent et *croient* à la possibilité qu'il peut leur arriver des malheurs. Chaque fois qu'ils signent un contrat d'assurance, ils trahissent cette croyance. Or, les accidents – les incendies, les vols, les inondations, etc. – sont très rares, voire extrêmement rares dans une vie, et peu de gens connaissent les bases scientifiques du calcul des risques de ces événements. Ces derniers sont intuitivement considérés comme *possibles*, déclenchant des actions concrètes, alors que les conséquences du changement climatique, qui sont bien étayées par les faits, sont ignorées. En fait, les conséquences du changement climatique « ont été systématiquement sous-estimées à la fois par les militants et, jusque très récemment par la plupart des scientifiques[386] ». Tous « ont craint de paralyser le public en l'effrayant trop fortement[387] ». Dès lors, n'y a-t-il pas un seuil de catastrophisme au-delà duquel l'esprit se braquerait ? Tout cela n'est-il qu'une question de degré ? Faut-il donc éviter *à tout prix* les discours catastrophistes ? Plus précisément, l'absence notoire de résultats politiques concrets de l'écologie politique depuis 40 ans est-elle due à un discours trop catastrophiste ou au contraire à un discours trop lisse ?

Chacun aura son avis sur la question, mais en attendant, l'impasse est évidente : soit on dit les choses telles qu'elles sont, sans détour, mais alors on court le risque d'être taxé d'oiseau de mauvais augure (et on perd toute crédibilité aux yeux de certains), soit on dit les choses de manière édulcorée en évitant les chiffres trop durs (à propos du climat ou de tout autre désastre environnemental) et on court le risque d'être relégué au dernier plan des priorités politiques parce que la situation n'est pas encore jugée trop grave.

En fait, des expériences en psychologie sociale ont montré que, pour que les gens prennent au sérieux une menace, il était nécessaire qu'ils soient bien informés de la situation et qu'ils disposent d'alternatives crédibles, fiables et accessibles[388]. S'ils ne disposent que d'informations partielles et s'ils ne peuvent avoir qu'un rôle limité, les gens sont moins susceptibles de s'engager. L'information la plus complète possible sur les catastrophes est donc l'une des conditions pour favoriser un passage à l'action. Le problème viendrait plutôt de l'autre ingrédient : il n'existe pas vraiment d'alternative à un effondrement (juste des moyens de s'y adapter) et il est difficile de trouver un moyen d'agir concret, rapide et accessible…

Voir, croire… et réagir !

Néanmoins, il reste des personnes capables d'écouter, de comprendre et de croire à un article, un discours ou un récit sur l'effondrement de notre société mondialisée, voire de l'espèce humaine. Au cours de nos multiples interventions publiques et dans nos conversations privées, nous avons été confrontés à divers types de réactions des personnes qui semblaient convaincues de l'imminence d'un effondrement. Nous les avons classées, et vous présentons une liste non-exhaustive qui, une fois n'est pas coutume, ne sera pas basée sur des références bibliographiques, mais sur une expérience totalement subjective. Puissent les futures recherches en collapsologie permettre d'apporter un peu de rigueur à cette typologie.

Les réactions çavapétistes (« ça va péter ») sont fréquentes chez les personnes qui se sentent impuissantes face à la destruction de notre monde, et qui, à cause de cela ou pour une autre raison, ont développé un certain ressentiment, voire une colère, envers la société. « Un effondrement ? Bien fait ! Cette société est tellement pourrie…

Moi je dis : vivement l'effondrement ! » Mais, outre le fait que cette attitude dévoile un imaginaire de la catastrophe très sombre, nihiliste même, elle ne permet pas de savoir précisément si la personne imagine aussi sa propre mort, ou si elle se voit parmi les survivants contemplant le déclin de la cité du haut de la colline qui la surplombe et savourant une vengeance bien méritée. Inutile de préciser que cette attitude est relativement toxique pour l'organisation politique et sociale en temps de catastrophe…

Les réactions aquoibonistes (« à quoi bon ? ») sont extrêmement fréquentes. Car puisque c'est la fin de tout, alors pourquoi continuer à se tuer à la tâche ! « Foutu pour foutu, profitons de ce qui nous reste ! » Mais attention, dans ce genre de réaction, on peut distinguer deux tendances, qui jouent sur l'ambiguïté du mot « profiter ». Il y a le sympathique – mais égoïste – épicurien tendance Rabelais qui finirait bien le reste de sa vie au bistrot, en riant et en savourant les derniers plaisirs de la vie ; et il y a « l'enfoiré » celui pour qui profiter se conjugue au détriment des autres. On brûle un maximum d'essence, on consomme, on saccage une dernière fois avant de partir.

Les survivalistes ou ***preppers*** (« chacun sa merde ») sont de plus en plus nombreux dans le monde. Personne n'a échappé à un reportage ou un documentaire sur ces individus qui se barricadent, s'enferment, s'enterrent dans des bunkers et stockent des quantités impressionnantes d'armes et de produits de première nécessité. Quand ils n'apprennent pas le tir à l'arc à leurs enfants, ils s'entraînent à reconnaître les plantes sauvages comestibles ou à s'informer sur les techniques de purification de l'eau. Ils se préparent à la violence, en croyant que les autres (les voisins ? les envahisseurs ?) réagiront comme eux le feraient, probablement violemment. L'imaginaire qui sous-tend cette posture est nourri par les films comme *Mad Max* ou les films de zombies, et une croyance que l'être humain est profondément mauvais. « Tout seul, on va plus vite » pourrait être leur devise.

Les transitionneurs (« on est tous dans le même bateau ») sont quant à eux bien souvent non-violents (probablement qu'ils se croient incapables de l'être) et ont un esprit collectiviste. Ils appellent à une « transition » à grande échelle, car pour eux la vie n'a plus de sens si le reste du monde s'effondre. Alors, plutôt qu'un repli sur soi, ils pratiquent l'ouverture et l'inclusion, convaincus que l'avenir se trouve plus dans les écovillages, et les réseaux d'entraide entre initiatives de transition. « Ensemble, on va plus loin » pourrait être leur devise.

Les collapsologues se découvrent une passion pour ce sujet dont personne ne parle et qui donne un sens à leur vie. Étudier, partager, écrire, communiquer, comprendre, devient progressivement une activité chronophage, que l'on peut estimer à la fréquence et la longueur des livres publiés, ou des articles et commentaires postés sur les blogs et les sites consacrés à la question. Curieusement, ces « geeks du collapse », dont les plus célèbres sont surnommés les

« collapsniks » dans les milieux anglophones, sont souvent des ingénieurs… et des hommes. C'est d'ailleurs, à en croire un vétéran, un facteur fréquent de rupture chez les couples, puisque lorsque la femme ne voit dans l'effondrement qu'un sujet de conversation parmi d'autres (et qu'elle demande à son mari de ne pas aborder ce sujet en famille ou devant ses copines), le mari, lui, commence à préparer le bunker ou à participer à des réunions interminables de transition… Clichés mis à part, le clivage homme-femme se constate très bien dans le public profane, les hommes ayant bien plus tendance à débattre de chiffres, de faits et de technique (par exemple autour de l'énergie) que les femmes, qui abordent plus facilement les aspects émotionnels et spirituels de la question (en tout cas publiquement).

Dans le monde réel, qui est toujours bien plus complexe, certaines personnes peuvent sentir une appartenance à plusieurs catégories. Par exemple, en tant que collapsologue, il est difficile de ne pas s'engager dans des actions d'anticipation, voire, comme quelques-uns, souhaiter qu'un effondrement arrive rapidement pour éviter des trop grandes conséquences climatiques (voir à la fin de ce chapitre), se former à la récolte de plantes sauvages comestibles, *tout en ayant la conviction* que la coopération est la seule porte de sortie possible…

Mais comment vivre avec ?

En réalité, le déni est un processus cognitif salutaire (à court terme !) qui permet de se protéger naturellement des informations trop « toxiques ». En effet, la possibilité d'un effondrement provoque souvent de grandes angoisses très néfastes pour l'organisme si elles sont chroniques. L'absence d'alternatives concrètes génère même aussi un sentiment d'impuissance qui, lui, est cancérigène[389] (mais qui disparaît une fois que nous passons à l'action). Mais par ailleurs, « refuser d'accepter que nous allons affronter un avenir très désagréable [peut devenir] une attitude perverse[390] » dans la mesure où nous sous-estimons les effets à long terme des catastrophes. Alors que faire ? Comment rester en bonne santé ?

Un élément de réponse consiste à voir dans toute « transition psychologique » un processus de deuil. Les catastrophes climatiques, ou « la possibilité que le monde tel que nous le connaissons aille droit vers une fin horrible[391] », sont des choses souvent trop difficiles à accepter pour l'esprit humain. « Il en est de même de notre propre mort ; nous "savons" tous qu'elle va survenir, mais ce n'est que lorsqu'elle est imminente que nous nous confrontons au sens véritable de notre condition de mortel[392]. »

Le processus de deuil traverse plusieurs étapes, selon le modèle bien connu établi par Elisabeth Kübler-Ross, la psychologue américaine spécialiste du deuil : le déni, la colère, le marchandage, la dépression et l'acceptation. Nous retrouvons toutes ces étapes dans les réactions du public, et même dans les réactions que nous avons ressenties en préparant ce livre. Lors de discussions et d'ateliers sur la transition ou sur l'effondrement, nous avons constaté que les moments de témoignages et de partage d'émotions étaient essentiels pour permettre aux personnes présentes de se rendre compte qu'elles n'étaient pas seules à affronter ce genre d'avenir et à ressentir ces émotions. Tous ces moments nous rapprochaient de l'étape d'acceptation, indispensable pour retrouver un sentiment de reconnaissance et d'espoir qui nourrit une action juste et efficace.

Aller de l'avant, retrouver un avenir désirable, et voir dans l'effondrement une formidable opportunité pour la société, passe nécessairement par des phases désagréables de désespoir, de peur et de colère. Cela nous oblige à plonger dans nos zones d'ombre personnelles, à les regarder en face, et à apprendre à vivre avec. Le « travail » de deuil est donc à la fois collectif et personnel. Comme le soulignent les remarquables travaux de Clive Hamilton, Joanna Macy, Bill Plotkin ou Carolyn Baker[393], ce n'est qu'en plongeant et en partageant ces émotions que nous retrouverons le goût de l'action et un sens à nos vies. Il s'agit ni plus ni moins que d'un passage symbolique à l'âge adulte. Actuellement, des réseaux d'entraide, assez discrets mais puissants, fleurissent partout dans le monde, et grandissent à une vitesse qui n'a d'égale que les bonheurs qu'ils procurent[394].

Ce basculement peut être libérateur, comme en témoigne le philosophe Clive Hamilton : « pour une part, je me suis senti soulagé : soulagé d'admettre enfin ce que mon esprit rationnel n'avait cessé de me dire ; soulagé de ne plus avoir à gaspiller mon énergie en faux espoirs ; et soulagé de pouvoir exprimer un peu de ma colère à l'égard des hommes politiques, des dirigeants d'entreprise et des climato-sceptiques qui sont largement responsables du retard, impossible à rattraper, dans les actions contre le réchauffement climatique[395] ».

Enfin, le processus de deuil passe aussi par un sentiment de justice. Les personnes qui souffrent d'une perte qu'elles estiment injuste doivent pouvoir punir (ou voir punir) d'éventuels coupables[396] sous peine de voir éclater une colère qui peut s'exprimer sous forme de violences sociales ou de maladies psychosomatiques. Or, dans le cas de l'effondrement de notre société, cela est particulièrement préoccupant. En effet, un peuple qui se sent humilié extériorise facilement sa colère par une violence extrême, dirigée – à tort – contre des boucs émissaires ou contre les responsables de l'injustice. Les livres d'histoire sont remplis d'exemples de ce type. Aujourd'hui, le travail de certains historiens, de journalistes et d'activistes permet de préciser la part de responsabilité que certaines personnes ou organisations ont prise dans l'avènement des catastrophes que nous subissons. « Nos enfants nous accuseront », entend-on souvent. Grand bien leur fasse ! Il se peut même que ces enfants soient déjà en âge d'accuser...

Maintenant qu'on y croit, on fait quoi ? (politique de l'effondrement)

L'action constructive et si possible non-violente ne peut clairement venir qu'après avoir franchi – individuellement et collectivement – certaines étapes psychologiques. Mais soyons réalistes, on ne peut raisonnablement pas se permettre d'attendre que chacun fasse son deuil avant de commencer à agir. D'abord parce qu'il est trop tard pour cela, et ensuite, parce que l'humain ne fonctionne pas de la sorte. En réalité, l'action n'est pas l'aboutissement d'un processus, mais elle fait partie intégrante du processus de « transition intérieure ». C'est elle qui permet *dès le début de la prise de conscience* de sortir d'une position d'impuissance inconfortable en apportant quotidiennement des satisfactions qui maintiennent optimistes. Ce sont d'abord de petites actions qui paraissent insignifiantes, puis de plus conséquentes, suivant les gratifications que chacun a pu tirer des premières. C'est en agissant que notre imaginaire se transforme. Et c'est aussi pour cela qu'en fonction des affinités et de l'histoire de chacun, certains choisiront la voie de l'insurrection violente (plus ou moins émancipatrice), d'autres celle du repli identitaire ou de la fuite, d'autres encore celle de la construction d'alternatives non-violentes. La « mosaïque de l'effondrement » prendra alors toutes ses couleurs.

Quelle que soit l'étape dans laquelle nous nous trouvons, il faut continuer à vivre, immergés dans ce « monde d'hier », avec les contradictions et l'inertie que cela implique. Chacun de nous trouvera donc des occasions d'agir *dans une perspective d'effondrement*, en fonction de ses affinités et de l'environnement social dans lequel il décide d'évoluer. L'essentiel, dans un premier temps, est que la croyance profonde en un effondrement ne rende pas notre présent trop désagréable – pour nous-mêmes et aussi pour nos proches –, car nous aurons grandement besoin de réconfort affectif et émotionnel pour traverser ces temps de troubles et d'incertitudes.

La transition : anticipation et résilience

Les mouvements politiques qui se placent dans un imaginaire d'effondrement ne sont pas nombreux. Les plus constructifs et pacifistes d'entre eux (nous n'aborderons pas ici les mouvements insurrectionnels[397]) sont ceux de la transition et de la décroissance.

En général, les êtres humains ne croient à l'éventualité d'une catastrophe qu'une fois celle-ci advenue, c'est-à-dire trop tard. Le principe de la *transition* et de la *décroissance* tente précisément de battre en brèche ce principe en devançant les catastrophes : anticiper la fin des énergies fossiles, les perturbations climatiques, ou les ruptures d'approvisionnement en nourriture, voilà des exemples du programme des « transitionneurs » et des objecteurs de croissance (qui sont probablement souvent les mêmes personnes). Car même s'il est trop tard pour bâtir une véritable économie stable basée sur la soutenabilité (*steady state economy*), il n'est jamais trop tard pour construire des petits systèmes résilients à l'échelle locale qui permettront de mieux endurer les chocs économiques, sociaux et écologiques à venir.

Bien que petites et inévitablement locales, ces initiatives se multiplient à un rythme stupéfiant. Le mouvement des initiatives de transition (autrefois appelées « Villes en transition »), initié en Grande-Bretagne en 2006, compte, en moins de 10 ans d'existence, plusieurs milliers d'expériences sur les cinq continents. Ce mouvement, qui soulève beaucoup d'enthousiasme, crée d'ores et déjà des impacts tangibles sur la vie des personnes impliquées : coopératives citoyennes de production d'énergies renouvelables, systèmes alimentaires locaux et soutenables (agriculture urbaine, permaculture, AMAP, etc.), ou nouveaux modèles économiques coopératifs, etc. Les exemples ne manquent pas. Pour les trouver, il suffit de lire quelques journaux[398], d'ouvrir l'un des innombrables livres dédiés aux alternatives « concrètes » et « positives[399] », ou de rester une heure sur Internet.

D'un point de vue politique, la transition est un objet

étrange, car paradoxal. Elle implique à la fois d'accepter l'imminence des catastrophes – c'est-à-dire faire le deuil de notre civilisation industrielle – et de favoriser l'émergence de nouveaux petits systèmes « *low-tech* » qui ne constituent pas encore un « modèle » ni un « système ». D'un point de vue concret, la phase de transition – par définition temporaire – doit donc arriver à faire coexister deux systèmes, l'un mourant et l'autre naissant, incompatibles sur de nombreux points dans leurs objectifs et leurs stratégies (par exemple sur la croissance, voir chapitre 4).

Quant à la posture, elle est *à la fois* catastrophiste et optimiste, c'est-à-dire à la fois lucide et pragmatique. Lucide, car les personnes impliquées dans ces mouvements ne sont pas dans une attitude de déni vis-à-vis des catastrophes. La plupart ont renoncé au mythe de la croissance éternelle, ainsi qu'au mythe de l'apocalypse. Elles savent *et croient* à ce qui nous attend, et sont généralement réceptives à des discours catastrophistes *parce qu'*elles ont déjà un pied dans les alternatives concrètes. Pragmatique, car « cette pensée politique catastrophiste n'est pas de nature apocalyptique : elle ne prétend pas s'inquiéter de la fin du monde, mais plus exactement d'une réorganisation brusque et potentiellement traumatisante des écosystèmes et des sociétés[400] ». Ni « *business as usual* » ni fin du monde, juste un monde à inventer, ensemble, ici et maintenant.

Il faut aussi une bonne dose de volonté, un zeste de culot et un soupçon de naïveté. En effet, le succès du mouvement de la transition vient du fait que les participants adoptent une « vision positive » de l'avenir. Pour éviter de sombrer dans le marasme, ils imaginent (ensemble) un avenir à l'horizon 2030, sans pétrole et avec climat déréglé, mais où il fera bon vivre ! La puissance de l'imagination se trouve dans les détails. Il suffit de les dessiner, de les imaginer, de les rêver ensemble… puis de se retrousser les manches et de se mettre à les matérialiser. Cette stratégie s'est avérée extrêmement puissante en termes de mobilisation et de créativité[401].

Généraliser cette politique « paradoxale » pose un autre problème : le fait qu'il faille accepter publiquement et officiellement la mort du vieux monde. L'officialiser revient surtout à courir le risque d'autoréalisation (voir chapitre 6) : aussitôt qu'un Premier ministre déclarera qu'il prépare le pays à un effondrement, les cours de la Bourse et les populations réagiront avec une certaine nervosité… causant des troubles qui ne feront que précipiter ce qu'il était justement en train d'anticiper.

Une politique de transition est donc forcément « dialogique », pour reprendre l'expression d'Edgar Morin, tissée de paradoxes tels que la « mort/vie » (c'est la mort de notre société industrielle qui permettra l'émergence de nouvelles formes de sociétés) et la « continuité/rupture » (il faut prévoir *simultanément* des politiques de transition à moyen terme et des événements de rupture catastrophiques).

À l'échelle du territoire, le leitmotiv de la transition est de créer de la « résilience locale[402] », c'est-à-dire augmenter les capacités des collectivités locales à se remettre de perturbations systémiques très diverses (alimentation, énergie, ordre social, climat, etc.). Au niveau macroéconomique, il s'agira d'inventer une économie de « descente énergétique » – ou de décroissance – non plus basée sur un système-dette, mais sur d'autres paradigmes bien plus raisonnables, tels que la sobriété volontaire, le partage équitable ou, pourquoi pas, le rationnement (un mélange des deux premiers).

Ces immenses chantiers en sont à leurs balbutiements[403], et rien n'est gagné d'avance. En effet, non seulement il est très difficile de transformer notre système économique de manière souple et volontaire sans croissance économique (voir chapitre 4), mais il n'est normalement pas possible pour une société de réduire sa consommation volontairement sur le long terme. Les exemples historiques de sociétés qui ont su s'autolimiter pour éviter un effondrement sont extrêmement rares. L'exemple le plus connu est celui de la minuscule île pacifique de Tikopia, que cite Jared Diamond[404], où les habitants ont pu survivre plus de 3 000 ans aux limites de la capacité de charge de leur île grâce à un culte des arbres et à des politiques de contrôle de la natalité extrêmement sévères.

Cependant, et c'est enthousiasmant, on constate que, dès que les premiers chocs économiques et sociaux apparaissent, les alternatives émergent très rapidement, comme en témoignent les mouvements de contestation/création qui se multiplient en Grèce, au Portugal, en Espagne[405], et qui préfigurent le monde de demain.

Finalement, le concept de transition permet de rassembler. Il ne perturbe pas radicalement l'imaginaire de progrès continu, mais laisse s'épanouir la lucidité catastrophiste. Il permet de retrouver des pratiques communes et des imaginaires positifs partagés, ce qui est en soi remarquable. Les transitionneurs n'attendent pas les gouvernements, ils inventent dès à présent des manières de vivre cet effondrement de manière non-tragique. Ils ne sont pas dans l'attente du pire, mais dans la construction du meilleur.

La politique du grand débranchement

La transition pourrait finalement être vue comme un acte de « débranchement ». Se débrancher du système industriel implique de renoncer *à l'avance* à tout ce qu'il fournit (nourriture industrielle, vêtements, déplacements rapides, objets divers, électronique, etc.), avant d'être obligé de subir des pénuries. Mais se débrancher rapidement et tout seul revient pour beaucoup de monde à mourir. En effet, peu d'habitants des pays riches savent manger, construire leur maison, s'habiller ou se déplacer sans l'aide du système industriel. Tout l'enjeu consiste donc à s'organiser pour retrouver les savoirs et les techniques qui permettent de reprendre possession de nos moyens de subsistance, *avant* de pouvoir se débrancher. Les chemins de l'autonomie sont dès lors forcément collectifs, sachant que, sans énergies fossiles, la quantité de travail à fournir pour tenter de compenser leur manque sera considérable (un baril de pétrole équivaut à environ 24 000 heures de travail humain, soit 11 années avec une charge de 40 heures par semaine)[406]. Une fois « branchés » sur des petits systèmes autonomes plus résilients et *low tech*, les groupes de transitionneurs peuvent alors « se débrancher » plus sereinement du grand système qui risque de les emporter dans sa chute : ne plus devoir aller au supermarché, ne plus acheter une voiture par famille, ne plus acheter de vêtements fabriqués en Chine, etc. Ce sont des petites victoires pratiques, mais qui représentent de grandes victoires symboliques.

Certains « collapsniks » vont même plus loin en proposant un immense débranchement généralisé, une sorte de boycott géant qui provoquerait la chute rapide du système économique global : un « krash par la chute de la demande[407] ». Dans un texte publié en décembre 2013, le cocréateur du concept de permaculture, David Holmgren, plus pessimiste que jamais, s'inquiétait des récentes découvertes sur les conséquences du réchauffement climatique. Selon lui, la seule issue pour éviter de trop graves dommages sur la biosphère serait désormais de provoquer un effondrement rapide et radical du système économique global. Lui qui redoutait avant tout l'imminence du pic pétrolier (depuis plus de 30 ans) déplore aujourd'hui qu'il n'arrive pas assez vite, et propose donc à toutes les personnes sensibles au sujet de se débrancher aussi vite que possible. Selon lui, si 10 % de la population des pays industrialisés arrivaient à s'investir pleinement dans des initiatives de résilience locale hors du système monétaire, ce dernier pourrait se contracter au point d'atteindre un seuil de basculement irréversible. Un « boycott systémique », voilà ce qu'on appelle une politique de black-out ! La proposition a généré une grande controverse chez les collapsologues du monde entier, qui est loin d'être terminée...

Mobiliser un peuple, comme à la guerre

Le mouvement de la transition, aussi puissant soit-il, gagnerait peut-être à être coordonné à plus grande échelle. Le remarquable exemple de transition vers l'agroécologie qu'a effectué Cuba dans les années 1990 montre l'importance du rôle des autorités dans la vitesse et la puissance d'une grande transition. En effet, les enjeux dépassent bien souvent les seules communautés locales, comme c'est le cas pour les transports ferroviaires, la gestion des cours d'eau ou le commerce. Lors de la « période spéciale », le gouvernement cubain a pris la mesure de l'ampleur des catastrophes, et a fait passer des lois en faveur de la transition[408]. Mais en Europe et dans d'autres grandes démocraties, cela est-il encore possible ? Notre génération, qui n'a connu que la puissance des lobbies économiques privés sur les grandes institutions européennes, n'est pas nourrie d'exemples qui permettent de penser que les grands changements coordonnés sont possibles. Pourtant, c'est bien ce qui s'est passé pendant les deux guerres mondiales. Les gouvernements ont réussi à mobiliser une puissance considérable vers un objectif commun, dans ce cas-là l'anéantissement d'un ennemi. Dans les années 1940, et grâce à un formidable effort de guerre, les États-Unis sont parvenus à « renoncer un moment à la culture de la consommation et du gaspillage[409] ». En 1943, les « *Victory gardens* » mobilisaient plus de 20 millions d'Américains et produisaient 30 à 40 % de la production de légumes du pays ! Le recyclage, le covoiturage, et même le rationnement furent alors la règle aux États-Unis pendant quelques années. Ces exemples, qui mériteraient d'être creusés, ne sont pas destinés à faire l'apologie de la guerre ou des régimes autocratiques (la Corée du Nord, par exemple, abandonnée à son sort après l'effondrement du bloc soviétique, comme Cuba, a sombré dans les famines alors qu'elle avait un régime autoritaire). Ils illustrent simplement le fait que, lorsqu'on s'organise dans un but commun, il est possible de faire vite et de voir grand.

C'est bien du côté des situations de guerre (donc de pénurie) qu'il faut aller chercher. En effet, pourrait-on imaginer une politique plus caractéristique d'un effondrement que le rationnement ? Comme le montre la politologue Mathilde Szuba, il est déjà arrivé que les pays industrialisés transgressent leurs principes fondateurs (le marché et la consommation privée) pour mettre en place une politique de rationnement[410]. À Paris en 1915, par exemple, les pénuries de produits de base avaient provoqué une situation sociale si explosive que les autorités de la ville, malgré la réticence du gouvernement, ont décidé de fixer un prix au charbon, et de le rationner. Le rationnement peut finalement être considéré comme une politique solidaire dans un monde comprimé par des limites. Alors que « l'abondance permet l'indépendance, [...] la limitation des ressources introduit l'interdépendance[411] ». Le sort de tous les habitants est lié par un principe de vases communicants ou de « jeu à somme nulle » dans lequel ce que consomme l'un prive l'autre de ce bien. Dans ce cas, le rôle des autorités est de brider fermement la consommation des riches et de garantir un minimum vital aux plus pauvres. Il y a deux idées fortes associées au rationnement : « celle des parts justes, c'est-à-dire calculées de façon équitable à partir de la quantité disponible, et celle d'une égalité de tous, évoquant une suspension des privilèges sociaux[412] ».

Contrairement à la France, où le rationnement durant la Seconde Guerre mondiale a laissé des souvenirs désagréables, en Grande-Bretagne, cette politique a répandu dans la société un sentiment d'équité qui s'est avéré très bénéfique pour la cohésion sociale, selon les témoignages de personnes qui ont vécu cette période. De manière surprenante, « les relevés effectués par les services de santé pendant les années 1940-1950 montrent que la santé et la longévité des Britanniques, en particulier des enfants, se sont améliorées pendant la période du rationnement, notamment du fait qu'une partie de la population a eu ainsi accès à une meilleure alimentation[413] ».

Quelle place pour la démocratie ?

Il ne faut toutefois pas se faire trop d'illusions, les conséquences catastrophiques du climat et des chocs énergétiques et financiers auront forcément des effets sur les systèmes politiques. « La démocratie sera la première victime de l'altération des conditions universelles d'existence que nous sommes en train de programmer. [...] Lorsque l'effondrement de l'espèce apparaîtra comme une possibilité envisageable, l'urgence n'aura que faire de nos processus, lents et complexes, de délibération. Pris de panique, l'Occident transgressera ses valeurs de liberté et de justice[414]. »

Si la confiance s'érode, si les salaires et les retraites ne sont plus versés à temps, ou si les pénuries alimentaires deviennent trop sévères, rien ne peut garantir le maintien des régimes politiques en place. Les fascismes pourraient très bien profiter de la multiplication des troubles sociaux, de la colère grandissante d'un peuple humilié ou d'un « retour au local » involontaire et généralisé causé par des dysfonctionnements économiques à répétition. Alors, l'Europe pourrait bien voir apparaître en son sein, et bien plus vite que prévu, des sociétés cloisonnées et sans doute violentes, loin de l'idéal cosmopolite d'un monde « libre » et « ouvert ».

Par ailleurs, le capitalisme possède cette incroyable capacité à s'imposer partout où des sociétés ont subi des chocs traumatisants, comme de coups d'État et des répressions violentes (Philippines, Chili en 1973, etc.)[415]. Rien ne garantit donc que des « crises » économiques graves apportent spontanément une transition pacifique et paisible...

Si les élites politiques et économiques des pays industrialisés persistent à défendre un modèle qui se prétend aujourd'hui démocratique (mais qui est clairement devenu oligarchique[416]), non seulement elles précipiteront les catastrophes à cause des mesures de « relance de la croissance » (voir chapitres 2, 3, 5, 8), mais elles nourriront un sentiment de colère dans la population, proportionnel à l'espoir (déçu) qu'elles auront suscité.

Les partisans de la décroissance et les transitionneurs, quant à eux, sont très soucieux de préserver l'idéal démocratique, en retrouvant la puissance d'agir locale (souvent municipale) et en développant des pratiques de gouvernance participatives et collaboratives. Comme l'analyse le politologue Luc Semal, l'originalité de ces mouvements tient au fait que « le cadrage catastrophiste est pensé non pas comme une manière de verrouiller le débat politique local, mais au contraire comme une occasion de le réouvrir en invitant à débattre des modalités pratiques d'une décroissance énergétique locale, maîtrisée et équitablement répartie[417] ».

Ainsi, alors que certains feront tout pour conserver le système actuel, d'autres travailleront à le rendre encore plus démocratique, pendant que d'autres l'accuseront d'être la cause de tous leurs malheurs. Dans ce chantier théorique et pratique que constitue la « politique de l'effondrement », le dossier de la démocratie n'est assurément pas le moindre. À ce titre, l'expérience politique de démocratie participative et directe, d'autogestion, de fédéralisme et d'autonomie que développent les mouvements libertaires pourrait être d'une très grande utilité pour ces réseaux de transition.

Cependant, certaines questions théoriques restent en suspens : une mosaïque de petites démocraties locales est-elle toujours un projet démocratique ? L'attitude catastrophiste est-elle compatible avec les processus démocratiques ? Plus précisément, sommes-nous encore en pleine possession de nos moyens lorsque nous agissons *en temps de catastrophes* ? Il semble aujourd'hui indispensable de réfléchir à une manière de penser des politiques qui répondent de manière sereine, posée et raisonnée aux enjeux que nous avons décrits, c'est-à-dire de trouver un compromis entre le geste démocratique et l'urgence des catastrophes.

CONCLUSION

LA FAIM N'EST QUE LE DÉBUT

« Une surpopulation mondiale, une surconsommation par les riches, et de piètres choix technologiques[418] » ont mis notre civilisation industrielle sur une trajectoire d'effondrement. Des chocs systémiques majeurs et irréversibles peuvent très bien avoir lieu demain, et l'échéance d'un effondrement de grande ampleur apparaît bien plus proche qu'on ne l'imagine habituellement, vers 2050 ou 2100. Personne ne peut connaître le calendrier exact des enchaînements qui transformeront (aux yeux des futurs archéologues) un ensemble de catastrophes en effondrement, mais il est plausible que cet enchaînement soit réservé aux générations présentes. Telle est l'*intuition*, que nous partageons avec bon nombre d'observateurs, qu'ils soient experts scientifiques ou activistes.

Il est gênant de le dire, tant la posture est souvent ridiculisée, mais nous sommes devenus catastrophistes. Soyons clairs, cela ne signifie nullement que nous souhaitons les catastrophes, ni que nous renonçons à nous battre pour en atténuer les effets, ou encore que nous sombrons dans un pessimisme irrévocable. Au contraire ! Même si l'avenir est sombre, « nous devons nous battre, car il n'y a aucune raison de nous soumettre passivement aux faits[419] ». Être catastrophiste, pour nous, c'est simplement éviter une posture de déni et prendre acte des catastrophes *qui sont en train d'avoir lieu.* Il faut apprendre à les voir, accepter leur existence, et faire le deuil de tout ce dont ces événements nous priveront. C'est selon nous cette attitude de courage, de conscience et de calme, les yeux grands ouverts, qui permettra de tracer des chemins d'avenir réalistes. Ce n'est pas du pessimisme !

La certitude est que nous ne retrouverons plus jamais la situation « normale » que nous avons connue au cours des décennies précédentes[420]. Premièrement, le moteur de la civilisation thermo-industrielle – le couple énergie-finance – est au bord de l'extinction. Des limites sont atteintes. L'ère des énergies fossiles abondantes et bon marché touche à sa fin, comme en témoigne la ruée vers les énergies fossiles non-conventionnelles aux coûts environnementaux, énergétiques et économiques prohibitifs. Cela enterre définitivement toute possibilité de retrouver un jour de la croissance économique, et donc signe l'arrêt de mort d'un système basé sur des dettes… qui ne seront tout simplement jamais remboursées.

Deuxièmement, l'expansion matérielle exponentielle de notre civilisation a irrémédiablement perturbé les systèmes complexes naturels sur lesquels elle reposait. Des frontières ont été franchies. Le réchauffement climatique et les effondrements de biodiversité, à eux seuls, annoncent des ruptures de systèmes alimentaires, sociaux, commerciaux ou de santé, c'est-à-dire concrètement des déplacements massifs de populations, des conflits armés, des épidémies et des famines. Dans ce monde devenu « non-linéaire », les événements imprévisibles de plus forte intensité seront la norme, et il faut s'attendre à ce que régulièrement les solutions que l'on tentera d'appliquer perturbent encore d'avantage ces systèmes.

Et troisièmement, les systèmes toujours plus complexes qui fournissent l'alimentation, l'eau et l'énergie, et qui permettent à la politique, la finance et à la sphère virtuelle de fonctionner, exigent des apports croissants d'énergie. Ces infrastructures sont devenues tellement interdépendantes, vulnérables, et souvent vétustes, que des petites ruptures de flux ou d'approvisionnement peuvent mettre en danger la stabilité du système global en provoquant des effets en cascade disproportionnés.

Ces trois états (approche des limites, dépassement des frontières et complexité croissante) sont irréversibles et, combinés, ils ne peuvent déboucher que sur une issue. Il y a eu par le passé de nombreux effondrements de civilisations qui restaient confinés à certaines régions. Aujourd'hui, la mondialisation a créé des *risques systémiques globaux*, et c'est la première fois que la possibilité d'un effondrement à très grande échelle, presque globale, est devenue envisageable. Mais cela ne se fera pas en un jour. Un effondrement prendra des vitesses, des formes et des tournures différentes suivant les régions, les cultures et les aléas environnementaux. Il doit donc être vu comme une mosaïque complexe où rien n'est joué à l'avance.

Penser que tous les problèmes seront résolus par le retour de la croissance économique est une grave erreur stratégique. À la fois car cela présuppose qu'un retour à la croissance est possible[421], mais surtout, car aussi longtemps que les dirigeants se concentreront sur cet objectif, aucune politique sérieuse de préservation de la stabilité du climat et des écosystèmes ne pourra être mise en place pour faire ce qui est nécessaire : réduire considérablement et rapidement la consommation de carburants fossiles. Tous les débats actuels entre relance et austérité ne sont donc que des distractions qui détournent des questions de fond. En fait, il n'y a même pas de « solutions » à chercher à notre situation inextricable (*predicament*), il y a juste des chemins à emprunter pour s'adapter à notre nouvelle réalité.

Se rendre compte de tout cela, c'est entamer un renversement. C'est voir que soudainement, l'utopie a changé de camp : est aujourd'hui utopiste celui qui croit que tout peut continuer comme avant. Le réalisme, au contraire, consiste à mettre toute l'énergie qui nous reste dans une transition rapide et radicale, dans la construction de résilience locale, qu'elle soit territoriale ou humaine.

Vers une collapsologie générale et appliquée

« C'est parce que la catastrophe constitue un destin détestable dont nous devons dire que nous n'en voulons pas qu'il faut garder les yeux fixés sur elle, sans jamais la perdre de vue[422]. » Tel sera le leitmotiv de la collapsologie. Mais alors que, pour Hans Jonas, « la prophétie de malheur est faite pour éviter qu'elle ne se réalise[423] », nous faisons un pas de plus en constatant (35 ans après) qu'il sera très difficile de l'éviter, et que nous pouvons seulement tenter d'en atténuer certains effets.

On peut nous reprocher de noircir le tableau. Mais ceux qui nous accusent de pessimisme devront prouver concrètement en quoi nous nous trompons. La charge de la preuve revient désormais aux cornucopiens. L'idée d'effondrement est devenue très difficile à évacuer, et comme le souligne Clive Hamilton, « les vœux pieux n'y suffiront pas[424] ».

Ce livre n'est qu'une amorce. La suite logique, en plus de consolider et de mettre à jour ces données, sera d'explorer plus en profondeur les pistes de réflexion qui ont été ouvertes dans les deux derniers chapitres. Ce sera tout l'objet de la collapsologie, que nous définissons donc comme *l'exercice transdisciplinaire d'étude de l'effondrement de notre civilisation industrielle, et de ce qui pourrait lui succéder, en s'appuyant sur les deux modes cognitifs que sont la raison et l'intuition, et sur des travaux scientifiques reconnus.*

Elle ne constituera cependant qu'une petite aide dans le processus de transition intérieure que chacun est désormais amené à entreprendre. Savoir et comprendre ne représentent que 10 % du chemin. En parallèle, il faut arriver à y croire, à agir en conséquence et à surtout gérer ses émotions. Tout ce travail se fera en participant à des initiatives qui se situent déjà *dans le monde d'après* (transition ou autres Alternatiba, ZAD, écovillage, ateliers de Travail Qui Relie, etc.) et surtout à travers d'autres formes de communication moins austères : documentaires, ateliers, romans, bandes dessinées, films, séries, musique, danse, théâtre, etc.

La génération « gueule de bois »

Dans les années 1970, notre société avait encore la possibilité de construire un « développement durable ». Le choix a été de ne pas le faire. Depuis les années 1990, tout a même continué à accélérer, malgré les nombreuses mises en garde. Et aujourd'hui il est trop tard.

Il est donc légitime de se demander si nos ancêtres ont réellement souhaité une société « durable ». La réponse est non. En tout cas, certains ancêtres, ceux qui ont eu à un moment donné le pouvoir d'imposer des décisions technologiques et politiques aux autres, ont fait le choix d'une société non durable *en connaissance de cause*. Par exemple, la question de l'épuisement (et donc du gaspillage) des énergies fossiles s'est posée dès le début de leur exploitation, autour de 1800[425]. Certains plaidaient pour une consommation très raisonnable, mais leur voix fut marginalisée[426]. L'économiste britannique William Stanley Jevons résumait très bien en 1866 cette question du charbon (qui peut s'appliquer à toutes les énergies fossiles) à « un choix historique entre une brève grandeur et une plus longue médiocrité[427] ». Vous devinerez aisément l'option pour laquelle il a plaidé, et qui l'a emporté...

Le travail des historiens est aujourd'hui essentiel pour comprendre ce que le génial économiste Nicholas Georgescu-Roegen avait lucidement pressenti dans les années 1970 : « Tout se passe comme si l'espèce humaine avait choisi de mener une vie brève mais excitante, laissant aux espèces moins ambitieuses une existence longue mais monotone[428]. » Mais nous tous, les descendants de ces ancêtres si ambitieux, qui arrivons à la fin de cette « brève grandeur », et qui en subissons les conséquences, aurons-nous seulement le choix *d'au moins* revenir à une modeste période de « longue médiocrité » ? Même cela, nous n'en sommes plus sûrs.

Car nous sommes nombreux sur Terre, avec un climat agressif et imprévisible, des écosystèmes détruits et pollués (qui pourra alors détecter les pollutions ?) et une diversité biologique et culturelle exsangue. S'il n'y a pas de sursaut collectif anticipé, il est donc possible que, dans le grand silence du monde postindustriel, nous revenions à une situation bien plus précaire qu'au Moyen Âge. Et dans ce cas, ce seraient paradoxalement les partisans de la croissance effrénée qui nous auront tous fait revenir à « l'âge de la pierre ».

Ces chantres du « Progrès » ont vénéré la brève grandeur, cet esprit de la fête telle qu'elle a été pratiquée depuis deux siècles, sans lendemain, où l'intention était d'essayer de vibrer, bouger et crier toujours plus fort, pour oublier tout le reste, pour s'oublier. Il fallait toujours plus d'énergie, d'objets, de vitesse, de maîtrise. Il fallait toujours plus d'avoir. Aujourd'hui, pour eux, c'est la gueule de bois, « la fête est finie[429] ! ». Finalement, la modernité ne sera pas morte de ses blessures philosophiques postmodernes, mais faute d'énergie. Et si les amphétamines et les antidépresseurs ont été les pilules du monde productiviste, la résilience, la sobriété et les *low tech* seront les aspirines de cette génération gueule de bois.

D'autres manières de faire la fête

Ces « progressistes » ont aussi raillé la « longue médiocrité ». Mais était-elle si médiocre que cela ? Aujourd'hui, les chemins à prendre – car il y en a – sont à peine balisés, et ils mènent à un changement radical de vie, une vie moins complexe, plus petite, plus modeste, et bien cloisonnée aux limites et aux frontières du vivant. L'effondrement n'est pas la fin mais le début de notre avenir. Nous réinventerons des moyens de faire la fête, des moyens d'être présent au monde et à soi, aux autres et aux êtres qui nous entourent. La fin du monde ? Ce serait trop facile, la planète est là, bruissante de vie, il y a des responsabilités à prendre et un avenir à tracer. Il est temps de passer à l'âge adulte.

Lors des rencontres avec le public, nous avons été surpris de trouver beaucoup de joie et de rires qui ne tentaient pas de cacher un désespoir, mais qui se déployaient avec un certain soulagement. Certains nous ont même remerciés d'avoir mis des mots et des émotions sur un malaise profond qu'ils n'arrivaient pas à exprimer. D'autres, nous ont-ils confié, ont même pu redonner un sens à leur vie ! Nous n'étions plus seuls. Nous sommes même nombreux. Par temps difficiles, les réseaux se forment. Et nous grandissons.

Pour continuer les recherches
www.collapsologie.fr

POUR LES ENFANTS

Les collines escarpées, les pentes
des statistiques
sont là devant nous.
Montée abrupte
de tout, qui s'élève,
s'élève, alors que tous
nous nous enfonçons.
On dit
qu'au siècle prochain
ou encore à celui d'après
il y aura des vallées, des pâturages
où nous pourrons nous rassembler en paix
si on y arrive.
Pour franchir ces crêtes futures
un mot à vous,
à vous et vos enfants :
restez ensemble,
apprenez les fleurs
allez légers.

Gary Snyder, *Turtle Island*, 1974.

POSTFACE

Y a-t-il matière plus importante que celle qui est traitée dans ce livre ? Non. Y a-t-il matière plus négligée que celle-ci ? Non plus. Tel est le paradoxe politique de notre monde : nous continuons de vaquer avec, bien sûr, la ferme intention d'améliorer notre sort par quelques réformes, mais jamais il n'est question de notre disparition à court terme en tant que civilisation, alors que – ce livre le montre à l'envi – jamais nous n'avons eu autant d'indications sur la possibilité d'un effondrement global imminent. Cela n'est pas étonnant de la part des politiques, ici et ailleurs, aujourd'hui et jadis. Quel régime, quel responsable ferait une analyse catastrophiste de l'état du monde et en tirerait la conclusion qu'il faut changer radicalement l'orientation et les politiques publiques de la société qu'il gouverne ? Ce phénomène de déni de la réalité n'est pas simplement dû à la contradiction entre le temps court de la politique – « il faut bientôt penser à ma réélection » – et le temps long de l'écologie – réparer l'écosphère réclame de la durée –, non, ce phénomène relève d'abord des limitations de l'appareil cognitif humain et des contraintes de la psychologie sociale.

En bref, face à l'énonciation d'un événement extraordinaire et monstrueux à venir – ici « l'effondrement du monde » – aucun humain ne peut s'en représenter les effets, alors que cet événement est la conséquence d'actions humaines. Ce décalage est l'une des caractéristiques de la modernité thermo-industrielle analysée par le philosophe Günther Anders, qui qualifiait ces événements de « supraliminaires ». Nous sommes incapables d'en former une image mentale complète et d'en pressentir tous les retentissements. Il en est ainsi des auteurs du présent livre et de moi-même. Nous avons beau examiner les innombrables données et articuler un raisonnement sur celles-ci, il nous est impossible, même d'un point de vue systémique, de forger une représentation rationnelle complète de ce que pourrait être « l'effondrement du monde ». Simplement, nous en ressentons une intuition, au bord de la certitude. Plus impossible encore, si je puis dire, de se représenter les conséquences d'un tel événement. Combien y aura-t-il de morts dus à cet effondrement ?

Cette certitude intuitive de l'effondrement, ressentie par quelques personnes, redouble de confusion lorsqu'elle se heurte aux réactions d'autrui. En effet, entre alors en jeu un mécanisme spéculaire qui explique, mieux que toute addition de volontés individuelles, l'inaction d'une société face à l'approche d'un événement supraliminaire. Supposons que je sois convaincu de l'imminence de l'effondrement et que je tente de partager cette conviction avec mes proches ou avec des personnes de rencontre. Il est possible que quelques-uns soient d'accord avec moi mais, la plupart du temps et pour l'instant, la majorité, même assez bien informée des questions écologiques globales, se réfugiera d'abord dans le déni, dans la dissonance cognitive. Il ne résultera aucune action collective de ces personnes pour essayer d'enrayer cet effondrement. D'ailleurs, paradoxalement, même si une majorité de personnes (en France, par exemple) étaient finalement convaincues de l'imminence de l'effondrement, il est improbable que cette majorité s'organise pour agir efficacement contre cette menace. Efficacement, c'est-à-dire en mettant en œuvre rapidement des moyens considérables de lutte contre la réalisation de cette hypothèse, avec tous les changements de comportements individuels et collectifs que cela exigerait. Les exemples abondent de telles situations où, sur un territoire donné, une majorité d'individus croient sincèrement à un fait révoltant, mais où personne n'agit contre ce fait (ou presque). Ainsi en est-il du dérèglement climatique qu'une majorité de citoyens européens reconnaît comme un fait d'origine anthropique, mais où les comportements individuels et les politiques publiques à l'encontre de ce phénomène sont d'une faiblesse déplorable depuis vingt-cinq ans. Ainsi en fut-il de la dictature de Saddam Hussein pendant le dernier quart du XXe siècle, cette dictature étant considérée comme cruelle par la majorité des Irakiens, sans que l'addition de ces opinions individuelles entraîne le renversement du régime. Pourquoi les Irakiens ont-ils supporté cette tyrannie qu'ils détestaient ? Comment expliquer ce type de contradiction apparente ? Le présent livre vous a exposé de façon probante que le monde est au bord de l'effondrement ; comme vous, une majorité de lecteurs seront peut-être renversés par cette démonstration pour être désormais acquis à la croyance en l'imminence de la fin du monde tel que nous le connaissons ; et... rien. Nulle (ou presque) action personnelle ou politique à la hauteur de l'enjeu ne s'ensuivra.

Nous allons tenter d'expliquer cette bizarrerie sociale par une approche cognitiviste, comme nous l'avions fait précédemment en évoquant les limites de la psychologie individuelle. Cette fois-ci, c'est au philosophe Jean-Louis Vullierme que nous devons les fondements de ce point de vue sur la psychologie sociale. Ce qui déclenche l'action d'un individu n'est pas son opinion ou sa volonté, mais son questionnement sur le fait qu'il agirait à condition qu'un assez grand nombre d'autres agissent aussi. L'action collective (politique) n'est pas un phénomène additif des volontés individuelles d'agir, elle est la résultante émergente des représentations que chacun se construit en observant les représentations des autres. La société est un système de représentations croisées entre individus : je me représente la manière dont les autres se représentent les choses et moi-même. Autrement dit, les modèles du monde que possède un individu, notamment son modèle de lui-même, sont issus des modèles du monde possédés par autrui, notamment du modèle qu'autrui a de lui (Vullierme appelle cette interaction cognitive la « spécularité »). Ce qui détermine les comportements d'un individu est donc le système des modèles que possède cet individu. Selon cette hypothèse, la volonté n'est donc pas une réalité première, mais une réalité dérivée de l'interaction spéculaire. L'individu averti de l'effondrement ne se demande pas s'il veut changer sa vie, mais seulement s'il le ferait au cas où un certain nombre d'autres le feraient aussi. Chacun étant placé dans la même situation que les autres, l'effondrement sera réduit non pas en fonction de la volonté de tous, mais de leurs représentations croisées, c'est-à-dire en fonction des anticipations que chacun effectuera sur la capacité effective de ceux qui l'entourent à changer leurs vies. Qu'en est-il du déni de l'effondrement à l'échelon des décideurs ? La dynamique spéculaire s'exerce encore, inexorablement. La propagation des croyances en l'imminence de l'effondrement ne peut être que lente au sein d'un monde politique obsédé par la rivalité. À tel point que même si tous les dirigeants du monde, comme sous l'effet d'une révélation, étaient soudain habités par cette appréciation d'un écroulement proche, ils commenceraient par se demander si leurs amis et rivaux politiques partagent ou non cette croyance. Chacun saurait l'imminence de la catastrophe, mais il ne saurait pas que les autres le savent. Guettant chacun le faux pas des autres, c'est-à-dire la divulgation publique de la force de leur croyance, aucun ne dévoilerait finalement celle-ci. Connue de chacun, cette croyance ne serait cependant pas une connaissance commune (*common knowledge*). Et encore moins une action commune puisqu'il s'agirait alors de bouleverser les politiques publiques en modifiant radicalement les modes de production et de consommation des sociétés industrialisées. Ce qui supposerait que les citoyens eux-mêmes possèdent ce modèle du monde – cette croyance d'un effondrement imminent – et en acceptent les conséquences en termes de modification radicale de leur mode de vie. Le déni de l'effondrement n'est donc pas dans la tête de chacun en tant qu'il serait un être déraisonnable ou insuffisamment informé, c'est un effet de système qui émerge de la combinatoire spéculaire. Ainsi, faute d'essor rapide de multiples communautés de transitionneurs et d'objecteurs de croissance, l'effondrement est inévitable non parce que la connaissance scientifique de son advenue serait trop incertaine, mais parce que la psychologie sociale qui habite les humains ne leur permettra pas de prendre les bonnes décisions, au bon moment.

Cependant, comme les auteurs de ce livre, je crois que nul ne peut devenir collapsologue sans ressentir un tremblement chronique parallèlement à ses recherches. Plus que dans d'autres domaines, la réflexion et l'émotion sont intimement mélangées en eschatologie écologique où les questions de vie et de mort, personnelle et collective, sont les objets mêmes de l'investigation. On ne peut aborder cette enquête ingénument, en croyant que notre vie n'en sera pas bouleversée dans son entièreté. On ne peut parler publiquement de l'effondrement global sans être certain que les propos que l'on tient retentiront intensément chez chacun des auditeurs. La collapsologie est une école de responsabilité. Elle conduit alors directement à une morale issue d'une instance qui nous dépasse individuellement comme nous dépasse l'effondrement que nous explorons. Cette instance métaphysique est la compassion, ou l'empathie ou l'altruisme, comme vous voudrez. Mais nous ne ressentons pas cette force morale comme extérieure à nous-mêmes, dictée par quelque dogme ou religion, elle appartient à notre être tant les images et les pensées de l'effondrement qui peuplent désormais notre esprit y sont mélangées comme dans un alliage indécomposable en ses éléments constitutifs. Attention ! Je ne dis pas que l'étude de l'effondrement conduise à la sagesse humanitaire et à l'amour du prochain. Paradoxalement, elle peut même parfois s'accompagner de ruminations misanthropiques contre ces humains aveugles, mes sœurs et mes frères, qui ignorent les menaces qui pèsent sur le monde et continuent innocemment leur petite vie. J'affirme simplement que la collapsologie, de par son objet, conduit à la distinction entre le bien et le mal, le bien comme toute action qui réduirait le nombre de morts, le mal comme l'indifférence à ce critère ou, pire, comme jouissance morbide d'un plus grand nombre de morts. En ce sens, je peux porter un jugement de responsabilité morale sur moi-même et sur autrui.

Yves Cochet,
ancien ministre de l'Environnement,
président de l'Institut Momentum.

REMERCIEMENTS

Nous remercions Christophe Bonneuil, Gauthier Chapelle, Élise Monette, Olivier Alléra, Daniel Rodary, Jean Chamel, Yves Cochet et Flore Boudet pour les relectures attentives, courageuses et bienveillantes, avec une mention spéciale pour Yves Cochet, qui nous a offert cette postface, et notre éditeur Christophe Bonneuil, qui a cru en nos idées et notre projet, et qui nous a guidés avec une patience à toute épreuve. Merci aussi à Sophie Lhuillier et Charles Olivero du Seuil pour ce travail d'orfèvre. L'idée du poème final revient à notre frère Gauthier Chapelle, maillon essentiel des réseaux des temps difficiles, et désormais collapsologue aguerri. Merci aussi à Agnès Sinaï, Yves Cochet (encore lui) et aux amis de l'Institut Momentum d'avoir su créer un lieu et des moments d'échanges si fertiles autour de ces sujets tabous ainsi qu'aux amis de *Barricade*, *Etopia*, *Nature & Progrès*, *BeTransition*, *Imagine* et *Réfractions* d'avoir permis à ces idées de vivre avant l'écriture de ce manuscrit. Les conditions matérielles de recherche et d'écriture ayant été particulièrement difficiles durant la fin 2014, nous ressentons une immense gratitude pour nos compagnes, familles, amis et voisins qui ont supporté cet accouchement en réunissant autour de nous de bonnes conditions matérielles et psychologiques. Merci, donc, à Élise, Stéphanie, Nelly et Michel, Chantal et Pierre, Brigitte et Philippe, Monique, Benoît et Caroline, Antoine et Sandrine, Thomas et Noëlle, Philippe et Martine, Pierre-Antoine et Gwendoline, et les B'z ! Enfin, merci à toutes les personnes qui sont venues nous trouver après les conférences, les ateliers et les formations pour nous encourager à poursuivre ces recherches.

NOTES

Certaines parties du manuscrit ont été publiées dans les articles suivants :

P. Servigne et R. Stevens, « Résilience en temps de catastrophe », *Barricade*, 2013. (Chapitre 10, section « L'entraide en temps de catastrophe »)

R. Stevens et P. Servigne, « L'anthropocène. L'ère de l'incertitude », *Barricade*, 2013. (Chapitre 1)

P. Servigne et R. Stevens, « Alors, ça vient ? Pourquoi la transition se fait attendre », *Barricade*, 2014. (Chapitre 4)

R. Stevens et P. Servigne, « Les inégalités, un facteur d'effondrement », *Etopia*, 2014. (Chapitre 8, section « Un modèle original : HANDY »)

P. Servigne, « L'effet domino chez les animaux », *Imagine demain le monde*, n° 106, 2014, p. 46-47. (Chapitre 3, section « Qui tuera le dernier animal de la planète ? »)

P. Servigne, « Lorsque tout bascule », *Imagine demain le monde*, n° 107, 2015, p. 40-41. (Chapitre 3, section « Que se passe-t-il lorsqu'on franchit les rubicons ? »)

1. Y. Cochet, « L'effondrement, catabolique ou catastrophique ? », *Institut Momentum*, 27 mai 2011.

2. P. R. Ehrlich et A. H. Ehrlich, « Can a collapse of global civilization be avoided ? », *Philosophical Transactions of the Royal Society B*, vol. 280, n° 1754, 2013, p. 20122845.

3. J. Brown, « Mankind must go green or die, says Prince Charles », *The Independent*, 23 novembre 2012.

4. Ch. Bonneuil et J.-B. Fressoz, *L'Événement Anthropocène. La Terre, l'histoire et nous*, Seuil, 2013.

5. Par exemple, J.-P. Dupuy, *Pour un catastrophisme éclairé : quand l'impossible est certain*, Seuil, 2002. H.-S. Hafeissa, *La Fin du monde et de l'humanité. Essai de généalogie du discours écologique*, PUF, 2014. P. Viveret, *Du bon usage de la fin d'un monde*, Les Liens qui Libèrent, 2012. M. Foessel, *Après la fin du monde. Critique de la raison apocalyptique*, Seuil, 2012.

6. J. Diamond, *Effondrement : comment les sociétés décident de leur disparition ou de leur survie*, Gallimard, « NRF essais », 2006.

7. R. Hopkins, *Manuel de transition : de la dépendance au pétrole à la résilience locale*, Écosociété/Silence, 2010. R. Hopkins, *Ils changent le monde ! 1 001 initiatives de transition écologique*, Seuil, 2014.

8. http://www.institutmomentum.org.

9. W. Steffen *et al.*, « The trajectory of the Anthropocene : The great acceleration », *The Anthropocene Review*, sous presse, 2015.

10. Du généticien, essayiste et humaniste Albert Jacquard. Voir A. Jacquard, *L'Équation du nénuphar : les plaisirs de la science*, Calmann-Lévy, 1998.

11. Le lecteur curieux pourra retrouver une série d'exemples très pédagogiques du comportement d'une exponentielle au chapitre II du livre de D. Meadows *et al.*, *Les Limites à la croissance (dans un monde fini)*, Rue de l'échiquier, 2012.

12. C. Hui, « Carrying capacity, population equilibrium, and environment's maximal load », *Ecological Modelling*, vol. 192, 2006, p. 317-320.

13. M. Wackernagel et W. Rees, « Perceptual and structural barriers to investing in natural capital : Economics from an ecological footprint perspective », *Ecological Economics*, vol. 20, n° 1, 1997, p. 3-24.

14. D. Meadows *et al.*, *Limits to Growth : The 30-Year Update*, Chelsea Green Publishing, 2004.

15. W. Steffen *et al.*, « The Anthropocene : are humans now overwhelming the great forces of nature », *AMBIO : A Journal of the Human Environment*, vol. 36, n° 8, 2007, p. 614-621.

16. H. Bergson, *L'Évolution créatrice*, PUF, 2007 [1907], p. 139-140.

17. F. Krausmann *et al.*, « Growth in global materials use, GDP and population during the 20th century », *Ecological Economics*, vol. 68, n° 10, 2009, p. 2696-2705.

18. H. Rosa, *Accélération : une critique sociale du temps*, La Découverte, 2013.

19. H. Rosa, « Accélération et dépression. Réflexions sur le rapport au temps de notre époque », *Rhizome*, n° 43, 2012, p. 4-13.

20. *Id.*

21. C'est la question posée par le groupe de réflexion « le Club de Rome » à l'équipe formée par Donella Meadows, Dennis Meadows, Jørgen Randers et William W. Behrens III. Leur rapport a été publié en 1972 (trad. fr. 1973, Fayard) et s'intitule « Limits to growth » (« Halte à la croissance »). Voir aussi S. Latouche, *L'Âge des limites*, Mille et une nuits, 2013.

22. Agence internationale de l'énergie, « World Energy Outlook 2010 ».

23. R. Miller et S. Sorrell, « The future of oil supply », *Philosophical Transactions of the Royal Society A*, vol. 372, n° 2006, 2014.

24. « BP Statistical Review of World Energy 2014 ».

25. S. Andrews et R. Udall, « The oil production story : pre-and post-peak nations », *Association for the Study of Peak Oil & Gas USA*, 2014.

26. S. Sorrell *et al.*, « Shaping the global oil peak : A review of the evidence on field sizes, reserve growth, decline rates and depletion rates », *Energy*, vol. 37, n° 1, 2012, p. 709-724.

27. R. Miller et S. Sorrell, « Preface of the special issue on the future of oil supply », *Philosophical Transactions of the Royal Society A*, vol. 372, n° 2006, 2014, p. 20130301-20130301.

28. S. Sorrell *et al.*, « An assessment of the evidence for a near-term peak in global oil production », UK Energy Research Centre, 2009.

29. United States Joint Forces Command, « The Joint Operating Environment 2010 ».

30. Bundeswehr, « Peak Oil : Sicherheitspolitische Implikationen knapper Ressourcen », Planungsamt der Bundeswehr, 2010.

31. J. Murray et D. King, « Climate policy : Oil's tipping point has passed », *Nature*, vol. 481, n° 7382, 2012, p. 433-435.

32. ITPOES, « The oil crunch : a wake-up call for the UK economy », Second Report of the UK Industry Taskforce on Peak Oil and Energy Security, 2010.

33. J. R. Hallock *et al.*, « Forecasting the limits to the availability and diversity of global conventional oil supply : Validation », *Energy*, vol. 64, 2014, p. 130-153.

34. M. L. Finkel et J. Hays, « The implications of unconventional drilling for natural gas : a global public health concern », *Public Health*, vol. 127, n° 10, 2013, p. 889-893 ; H. Else, « Fracking splits opinion », *Professional Engineering*, vol. 25, n° 2, 2012, p. 26.

35. W. Ellsworth, « Injection-induced earthquakes », *Science*, vol. 341, n° 6142, 2013, p. 1225942.

36. R. J. Davies *et al.*, « Oil and gas wells and their integrity : Implications for shale and unconventional resource exploitation », *Marine and Petroleum Geology*, vol. 56, 2014, p. 239-254.

37. H. J. Fair, « Radionuclides in fracking wastewater », *Environmental Health Perspectives*, vol. 122, n° 2, 2014.

38. C. Cleveland et P. A. O'Connor, « Energy return on investment (EROI) of oil shale », *Sustainability*, vol. 3, n° 11, 2011, p. 2307-2322.

39. B. R. Scanlon *et al.*, « Comparison of water use for hydraulic fracturing for shale oil and gas production versus conventional oil », *Environmental Science & Technology*, vol. 48, n° 20, 2014, p. 12386-12393.

40. E. Stokstad, « Will fracking put too much fizz in your water ? », *Science*, vol. 344, n° 6191, 2014, p. 1468-1471.

41. US Energy Information Administration, « As cash flow flattens, major energy companies increase debt, sell assets », *Today in Energy*, 29 juillet 2014 ; http://www.eia.gov/todayinenergy/detail.cfm?id=17311.

42. A. Loder, « Shakeout threatens shale patch as frackers go for broke », *Bloomberg*, 27 mai 2014 ; http://www.bloomberg.com/news/2014-05-26/shakeout-threatens-shale-patch-as-frackers-go-for-broke.html.

43. S. Sorrell, 2009, *op. cit.*

44. D. J. Hugues, « Energy : A reality check on the shale revolution », *Nature*, vol. 494, n° 7437, 2013, p. 307-308.

45. Par exemple, D. Yergin, « US energy is changing the world again », *Financial Times*, 16 novembre 2012 ; L. Maugeri, « The shale oil boom : a US phenomenon », Belfer Center for Science and International Affairs, Harvard Kennedy School, 2013, Discussion Paper #2013-05.

46. B. K. Sovacool, « Cornucopia or curse ? Reviewing the costs and benefits of shale gas hydraulic fracturing (fracking) », *Renewable and Sustainable Energy Reviews*, vol. 37, 2014, p. 249-264.

47. US Energy Information Administration, « Annual Energy Outlook 2014 », p. 17.

48. Cité par S. Sorrell, 2009, *op. cit.*

49. C. Emmerson et G. Lahn, « Arctic opening : Opportunity and risk in the High North », Chatham House-Lloyd's, 2013.

50. J. Marriott, « Oil projects too far – banks and investors refuse finance for Arctic oil », *Platform Education Research London*, 24 avril 2012.

51. A. Garric, « Après une série noire, Shell renonce à forer en Arctique cette année », *Le Monde*, 28 février 2013.

52. G. Chazan, « Total warns against oil drilling in Arctic », *Financial Times*, 25 septembre 2012.

53. G. R. Timilsina, « Biofuels in the long-run global energy supply mix for transportation », *Philosophical Transactions of the Royal Society A*, vol. 372, n° 2006, 2014.

54. T. Koizumi, « Biofuels and food security in the US, the EU and other countries », in *Biofuels and Food Security*, Springer International Publishing, 2014, p. 59-78.

55. G. Maggio et G. Cacciola, « When will oil, natural gas, and coal peak ? », *Fuel*, vol. 98, 2012, p. 111-123 ; P. Shearman *et al.*, « Are we approaching "peak timber" in the tropics ? », *Biological Conservation*, vol. 151, n° 1, 2012, p. 17-21 ; R. Warman, « Global wood production from natural forests has peaked », *Biodiversity and Conservation*, vol. 23, n° 5, 2014, p. 1063-1078 ; M. Dittmar, « The end of cheap uranium », *Science of the Total Environment*, vol. 461-462, 2013, p. 792-798.

56. U. Bardi *et al.*, *Extracted : How the Quest for Mineral Wealth Is Plundering the Planet*, Chelsea Green Publishing, 2014.

57. C. Clugston, « Increasing global nonrenewable natural resource scarcity – An analysis », *Energy Bulletin*, vol. 4, n° 6, 2010.

58. D. Cordell *et al.*, « The story of phosphorus : Global food security and food for thought », *Global Environmental Change*, vol. 19, n° 2, 2009, p. 292-305.

59. R. A. Myers et B. Worm, « Rapid worldwide depletion of predatory fish communities », *Nature*, vol. 423, n° 6937, 2003, p. 280-283.

60. P. H. Gleick et M. Palaniappan, « Peak water limits to freshwater withdrawal and use », *PNAS*, vol. 107, n° 25, 2010, p. 11155-11162.

61. P. Bihouix, *L'Âge des low tech. Vers une civilisation techniquement soutenable*, Seuil, 2014. p. 66-67.

62. R. Heinberg, *Peak Everything : Waking Up to the Century of Decline in Earth's Resources*, Clairview Books, 2007.

63. Barclays Research Data, cité par S. Kopits, « Oil and economic growth : a supply – constrained view », Columbia University, Center on Global Energy Policy, 11 février 2014 ; http://tinyurl.com/mhkju2k.

64. C. Cleveland, « Net energy from the extraction of oil and gas in the United States », *Energy*, vol. 30, 2005, p. 769-782.

65. N. Gagnon *et al.*, « A preliminary investigation of energy return on energy investment for global oil and gas production », *Energies*, vol. 2, n° 3, 2009, p. 490-503.

66. D. J. Murphy et C. A. S. Hall, « Year in review – EROI or energy

return on (energy) invested », *Annals of the New York Academy of Sciences*, vol. 1185, n° 1, 2010, p. 102-118.

67. C. A. S. Hall *et al.*, « EROI of different fuels and the implications for society », *Energy Policy*, vol. 64, 2014, p. 141-152.

68. P. A. Prieto et C. A. S. Hall, *Spain's Photovoltaic Revolution : The Energy Return on Investment*, Springer, 2013.

69. C. A. S. Hall *et al.*, 2014, *op. cit.*

70. D. Weißbach *et al.*, « Energy intensities, EROIs (energy returned on invested), and energy payback times of electricity generating power plants », *Energy*, vol. 52, 2013, p. 210-221.

71. B. Plumer, « We're damming up every last big river on Earth. Is that really a good idea ? », *Vox*, 28 octobre 2014 ; http://www.vox.com/2014/10/28/7083487/the-world-is-building-thousands-of-new-dams-is-that-really-a-good-idea.

72. C. Zarfl *et al.*, « A global boom in hydropower dam construction », *Aquatic Sciences*, 2014, p. 1-10.

73. G. E. Tverberg, « Converging energy crises – and how our current situation differs from the past », *Our Finite World*, 29 mai 2014 ; http://ourfiniteworld.com/2014/05/29/converging-energy-crises-and-how-our-current-situation-differs-from-the-past/.

74. C. A. S. Hall *et al.*, « What is the minimum EROI that a sustainable society must have », *Energies*, vol. 2, 2009, p. 25-47.

75. J. G. Lambert *et al.*, « Energy, EROI and quality of life », *Energy Policy*, vol. 64, 2014, p. 153-167.

76. B. Thévard, « La diminution de l'énergie nette, frontière ultime de l'Anthropocène », *Institut Momentum*, 2013.

77. C. W. King et C. A. S. Hall, « Relating financial and energy return on investment », *Sustainability*, vol. 3, n° 10, 2011, p. 1810-1832 ; M. Heun et M. De Wit, « Energy return on (energy) invested (EROI), oil prices, and energy transitions », *Energy Policy*, vol. 40, 2012, p. 147-158.

78. U. Bardi *et al.*, 2014, *op. cit.*

79. Voir G. Giraud *et al.*, *Produire plus, polluer moins : l'impossible découplage ?*, Les Petits Matins, 2014.

80. D. J. Murphy, « The implications of the declining energy return on investment of oil production », *Philosophical Transactions of the Royal Society A*, vol. 372, n° 2006, 2013, p. 20130126.

81. J. D. Hamilton, « Causes and consequences of the oil shock of 2007-08 », *National Bureau of Economic Research*, 2009 ; C. Hall et K. Klitgaard, *Energy*

and the Wealth of Nations : Understanding the Biophysical Economy, Springer, 2012.

82. G. E. Tverberg, « Low oil prices : Sign of a debt bubble collapse, leading to the end of oil supply ? », *Our Finite World,* 21 septembre 2014 ; http://ourfiniteworld.com/2014/09/21/low-oil-prices-sign-of-a-debt-bubble-collapse-leading-to-the-end-of-oil-supply.

83. G. E. Tverberg, « Oil supply limits and the continuing financial crisis », *Energy,* vol. 37, n° 1, 2012, p. 27-34.

84. E. Ailworth, « Drillers cut expansion plans as oil prices drop », *Wall Street Journal,* 6 novembre 2014.

85. Agence internationale de l'énergie, *World Energy Outlook 2014.*

86. M. Auzanneau, « Pétrole : le calme avant la tempête, d'après l'Agence internationale de l'énergie », *Oil Man,* 19 novembre 2014 ; http://petrole.blog.lemonde.fr/2014/11/19/petrole-le-calme-avant-la-tempete-dapres-lagence-internationale-de-lenergie/.

87. R. May *et al.*, « Complex systems : Ecology for bankers », *Nature,* vol. 451, n° 7181, 2008, p. 893-895.

88. G. E. Tverberg, « World oil production at 3/31/2014 – Where are we headed ? », *Our Finite World,* 23 juin 2014 ; http://ourfiniteworld.com/2014/07/23/world-oil-production-at-3312014-where-are-we-headed/.

89. M. Lagi *et al.*, *The Food Crises and Political Instability in North Africa and the Middle East,* New England Complex Systems Institute, 2011.

90. J. Leggett, *The Energy of Nations : Risk Blindness and the Road to Renaissance,* Routledge, 2013, p. XIII

91. Selon le dernier rapport du GIEC publié le 27 septembre 2013 (certitude très élevée, de 95 %). Voir aussi J. Cook *et al.*, « Quantifying the consensus on anthropogenic global warming in the scientific literature », *Environmental Research Letters,* vol. 8, n° 2, 2013, p. 024024.

92. A. Burger *et al.*, « Turn down the heat : Why a 4 °C warmer world must be avoided », Washington DC, World Bank, 2012.

93. S. Rahmstorf *et al.*, « Comparing climate projections to observations up to 2011 », *Environmental Research Letters,* vol. 7, n° 4, 2012, p. 044035.

94. D. Coumou et S. Rahmstorf, « A decade of weather extremes », *Nature Climate Change,* n° 2, 2012, p. 491-496.

95. J. M. Robine *et al.*, « Death toll exceeded 70,000 in Europe during the summer of 2003 », *Comptes rendus biologies,* vol. 331, n° 2, 2008, p. 171-178.

96. P. Ciais *et al.*, « Europe-wide reduction in primary productivity caused by the heat and drought in 2003 », *Nature,* vol. 437, n° 7058, 2005, p. 529-533.

97. Une étude montre même que, dans certaines régions actuellement

peuplées, l'être humain ne pourrait même plus y survivre à partir de 2100. Voir S. C. Sherwood et M. Hubert, « An adaptability limit to climate change due to heat stress », *PNAS*, vol. 107, n° 21, 2010, p. 9552-9555.

98. D. Barriopedro *et al.*, « The hot summer of 2010 : redrawing the temperature record map of Europe », *Science*, vol. 332, n° 6026, 2005, p. 220-224.

99. K. Dow et T. E. Downing, *The Atlas of Climate Change*, University of California Press, 2007.

100. J. D. Steinbruner *et al.* (éd.), *Climate and Social Stress : Implications for Security Analysis*, National Academies Press, 2012.

101. WHO, « Climate change and health », World Health Organization Fact Sheet, 266, 2013.

102. W. A. Kurz *et al.*, « Mountain pine beetle and forest carbon feedback to climate change », *Nature*, vol. 452, n° 7190, 2008, p. 987-990.

103. Lire par exemple B. Choat *et al.*, « Global convergence in the vulnerability of forests to drought », *Nature*, vol. 491, n° 7426, 2012, p. 752-756.

104. A. Shepherd *et al.*, « A reconciled estimate of ice-sheet mass balance », *Science*, vol. 338, n° 6111, 2012, p. 1183-1189.

105. G. Dyer, *Alerte – Changement climatique : la menace de guerre*, Robert Laffont, 2009, p. 38.

106. A Bruger *et al.*, 2012, *op. cit.*

107. D. D. Zhang *et al.*, « The causality analysis of climate change and large-scale human crisis », *PNAS*, vol. 108, n° 42, 2011, p. 17296-17301 ; D. D. Zhang *et al.*, « Global climate change, war, and population decline in recent human history », *PNAS*, vol. 104, n° 49, 2007, p. 19214-19219.

108. J. Schewe *et al.*, « Multimodel assessment of water scarcity under climate change », *PNAS*, vol. 111, n° 9, 2014, p. 3245-3250.

109. D. B. Lobell *et al.*, « Climate trends and global crop production since 1980 », *Science*, vol. 333, n° 6042, 2011, p. 616-620.

110. K. Kristensen *et al.*, « Winter wheat yield response to climate variability in Denmark », *The Journal of Agricultural Science*, vol. 149, n° 1, 2011, p. 33-47 ; J. E. Olesen *et al.*, « Impacts and adaptation of European crop production systems to climate change », *European Journal of Agronomy*, vol. 34, n° 2, 2011, p. 96-112.

111. J. H. Christensen *et al.*, « Regional climate projections », *in* S. Solomon, D. Qin, M. Manning *et al.* (éd.), *Climate change 2007 : The Physical Science Basis*, Cambridge University Press, 2007, p. 996 ; A. Dai, « Increasing drought under global warming in observations and models », *Nature climate change*, vol. 3, n° 1, 2012, p. 52-58.

112. Z. W. Kundzewicz, « Assessing river flood risk and adaptation in

Europe – review of projections for the future », *Mitigation and Adaptation Strategies for Global Change*, vol. 15, n° 7, 2010, p. 641-656.

113. M. Bindi et J. E. Olesen, « The responses of agriculture in Europe to climate change », *Regional Environmental Change*, vol. 11, n° 1, 2011, p. 151-158 ; M. T. Harrison, « Characterizing drought stress and trait influence on maize yield under current and future conditions », *Global Change Biology*, vol. 20, n° 3, 2014, p. 867-878.

114. G. Dyer, 2009, *op. cit.*, p. 87.

115. *Id.*

116. F. Gemenne, « Climate-induced population displacements in a 4 °C+ world », *Philosophical Transactions of the Royal Society A*, vol. 369, n° 1934, 2011, p. 182-195.

117. M. T. van Vliet *et al.*, « Vulnerability of US and European electricity supply to climate change », *Nature Climate Change*, vol. 2, n° 9, 2012, p. 676-681.

118. K. M. Campbell *et al.*, « The age of consequences : the foreign policy and national security implications of global climate change », Washington DC, Center for Strategic and International Studies, 2007.

119. Cité par G. Dyer, 2009, *op. cit.*, p. 48.

120. *Ibid.*, p. 91.

121. J. Kiehl, « Lessons from Earth's Past », *Science*, vol. 331, n° 6014, 2011, p. 158-159.

122. J. Lovelock, *La Revanche de Gaïa : pourquoi la Terre riposte-t-elle et comment pouvons-nous encore sauver l'humanité ?*, Flammarion, 2007. Cité par G. Dyer, 2009, *op. cit.*, p. 53.

123. J. Hansen *et al.*, « Climate sensitivity, sea level and atmospheric carbon dioxide », *Philosophical Transactions of the Royal Society A*, n° 371, 2013, p. 20120294.

124. S. L. Pimm *et. al.*, « The biodiversity of species and their rates of extinction, distribution, and protection », *Science*, vol. 344, n° 6187, 2014, p. 1246752.

125. R. McLellan (éd.), *Rapport Planète vivante 2014. Des hommes, des espèces, des espaces, et des écosystèmes*, World Wildlife Fund, 2014.

126. R. M. May, « Ecological science and tomorrow's world », *Philosophical Transactions of the Royal Society B*, vol. 365, n° 1537, 2010, p. 41-47 ; W. F. Laurance *et al.*, « Averting biodiversity collapse in tropical forest protected areas », *Nature*, vol. 489, n° 7415, 2012, p. 290-294.

127. S. L. Pimm *et. al.*, 2014, *op. cit.*

128. D. Sanders *et al.*, « The loss of indirect interactions leads to cascading extinctions of carnivores », *Ecology Letters*, vol. 16, n° 5, 2013, p. 664-669.

129. J. J. Lever *et al.*, « The sudden collapse of pollinator communities », *Ecology Letters*, vol. 17, n° 3, 2014, p. 350-359.

130. S. H. Anderson *et al.*, « Cascading effects of bird functional extinction reduce pollination and plant density », *Science*, vol. 331, n° 6020, 2011, p. 1068-1071.

131. R. R. Dunn *et al.*, « The sixth mass coextinction : Are most endangered species parasites and mutualists ? », *Philosophical Transactions of the Royal Society B*, vol. 276, n° 1670, 2009, p. 3037-3045.

132. Référence au livre de Rachel Carson, *Le Printemps silencieux* (1962), montrant et prédisant les conséquences dramatiques de l'usage des pesticides sur les écosystèmes.

133. R. Dirzo *et al.*, « Defaunation in the Anthropocene », *Science*, vol. 345, n° 6195, 2014, p. 401-406.

134. R. McLellan, 2014, *op. cit.*, p. 8-9.

135. W. J. Ripple *et al.*, « Status and ecological effects of the world's largest carnivores », *Science*, vol. 343, n° 6167, 2014, p. 1241484.

136. J. A. Estes *et al.*, « Trophic downgrading of planet Earth », *Science*, vol. 333, n° 6040, 2011, p. 301-306.

137. D. J. McCauley *et al.*, « Marine defaunation : Animal loss in the global ocean », *Science*, vol. 347, n° 6219, 2015, p. 1255641.

138. B. S. Halpern *et al.*, « A global map of human impact on marine ecosystems », *Science*, vol. 319, n° 5865, 2008, p. 948-952.

139. R. A. Myers et B. Worm, « Rapid worldwide depletion of predatory fish communities », *Nature*, vol. 423, n° 6937, 2003, p. 280-283.

140. J. B. Jackson, « Ecological extinction and evolution in the brave new ocean », *PNAS*, vol. 105, 2008, p. 11458-11465.

141. K. Swing, « Conservation : Inertia is speeding fish-stock declines », *Nature*, vol. 494, n° 7437, 2013, p. 314314.

142. S. H. Anderson, 2011, *op. cit.*

143. S. Foucart, « Le déclin massif des insectes menace l'agriculture », *Le Monde*, 26 juin 2014 ; I. Newton, « The recent declines of farmland bird populations in Britain : an appraisal of causal factors and conservation actions », *Ibis*, vol. 146, n° 4, 2004, p. 579-600.

144. C. A. Hallmann *et al.*, « Declines in insectivorous birds are associated with high neonicotinoid concentrations », *Nature*, vol. 511, n° 7509, 2014, p. 341-343 ; G. Monbiot, « Another silent spring ? », *The Guardian*, 16 juillet 2014.

145. R. Dirzo *et al.*, 2014, *op. cit.*

146. En France, selon l'écologue François Ramade, le nombre de ruches aurait chuté de 2 millions en 1996 à 600 000 aujourd'hui.

147. S. Foucart, 2014, *op. cit.*

148. E. Stokstad, « The empty forest », *Science*, vol. 345, n° 6195, 2014, p. 396-399.

149. A. D. Barnosky *et al.*, « Has the Earth's sixth mass extinction already arrived ? », *Nature*, vol. 471, n° 7336, 2011, p. 51-57.

150. D. U. Hooper *et al.*, « A global synthesis reveals biodiversity loss as a major driver of ecosystem change », *Nature*, vol. 486, n° 7401, 2012, p. 105-108 ; R. Dirzo *et al.*, 2014, *op. cit.*

151. A. S. MacDougall *et al.*, « Diversity loss with persistent human disturbance increases vulnerability to ecosystem collapse », *Nature*, vol. 494, n° 7435, 2013, p. 86-89.

152. J. V. Yule *et al.*, « Biodiversity, extinction, and humanity's future : The ecological and evolutionary consequences of human population and resource use », *Humanities*, vol. 2, n° 2, 2013, p. 147-159.

153. J. M. Morvan *et al.*, « Écosystèmes forestiers et virus Ebola », 3e colloque du réseau international des instituts Pasteur et instituts associés, 14-15 octobre 1999 ; B. A. Wilcox et B. Ellis, « Les forêts et les maladies infectieuses émergentes chez l'homme », *Unasylva* (FAO), 2006 ; J. A. Ginsburg, « How saving West African forests might have prevented the Ebola epidemic », *The Guardian*, 3 octobre 2014.

154. H. Thibault, « Dans le Sichuan, des "hommes-abeilles" pollinisent à la main les vergers », *Le Monde*, 23 avril 2014.

155. R. Costanza, « The value of the world's ecosystem services and natural capital », *Ecological Economics*, vol. 25, n° 1, 1998, p. 3-15.

156. C. B. Field *et al.*, « Climate Change 2014 : impacts, adaptation, and vulnerability », Contribution of Working Group II to the Fifth Assessment Report of the IPCC, 2014.

157. E. V. Bragina *et al.*, « Rapid declines of large mammal populations after the collapse of the Soviet Union », *Conservation Biology*, sous presse, 2015.

158. F. Krausmann *et al.*, « Global human appropriation of net primary production doubled in the 20th century », *PNAS*, vol. 110, n° 25, 2013, p. 10324-10329.

159. Ch. Bonneuil et J-B. Fressoz, *L'Événement Anthropocène, op. cit*, note de bas de page 225.

160. *Ibid.*, note de bas de page 226.

161. A. E. Cahill *et al.*, « How does climate change cause extinction ? »,

Proceedings of the Royal Society B, vol. 280, n° 1750, 2013, p. 20121890 ; C. Bellard *et al.*, « Impacts of climate change on the future of biodiversity », *Ecology Letters*, vol. 15, n° 4, 2012, p. 365-377 ; C. B. Field *et al.*, 2014, *op. cit.*

162. J. V. Yule *et al.*, 2013, *op. cit.*

163. J. Rockström *et al.*, « A safe operating space for humanity », *Nature*, vol. 461, n° 7263, 2009, p. 472-475.

164. W. Steffen *et al.*, « Planetary boundaries : Guiding human development on a changing planet », *Science*, sous presse, 2015.

165. D. E. Canfield *et al.*, « The evolution and future of Earth's nitrogen cycle », *Science*, vol. 330, n° 6001, 2010, p. 192-196.

166. V. H. Smith *et al.*, « Eutrophication of freshwater and marine ecosystems », *Limnology and Oceanography*, vol. 51, n° 1, 2006, p. 351-355.

167. J. Rockström *et al.*, « Planetary boundaries : Exploring the safe operating space for humanity », *Ecology and Society*, vol. 14, n° 2, p. 32, 2009.

168. T. Gleeson *et al.*, « Water balance of global aquifers revealed by groundwater footprint », *Nature*, n° 488, 2012, p. 197-200. Aux États-Unis, en Chine et en Inde, 70 % des eaux souterraines sont utilisées pour l'agriculture. Voir M. W. Rosegrant *et al.*, « Water for agriculture : maintaining food security under growing scarcity », *Annual Review of Environment and Resources*, n° 34, 2009, p. 205-222.

169. C. J. Vörösmarty *et al.*, « Global threats to human water security and river biodiversity », *Nature*, n° 467, 2010, p. 555-561.

170. Malgré des technologies qui dissimulent les véritables causes de l'épuisement des ressources.

171. A. Cicolella, *Toxique Planète*, Seuil, 2013 ; F. Nicolino, *Un empoisonnement universel. Comment les produits chimiques ont envahi la planète*, Les Liens qui Libèrent, 2013.

172. Vandenberg (2012), cité par L. J. Guillette et T. Iguchi, « Life in a contaminated world », *Science*, vol. 337, 2012, p. 1614-1615.

173. Par exemple, « les experts du TFSP [Consortium] notent que de l'imidaclopride a été détecté dans 91 % de 74 échantillons de sols français analysés en 2005 : seuls 15 % des sites avaient été traités... », cité par S. Foucart, 2014, *op. cit.*

174. L. U. Chensheng *et al.*, « Sub-lethal exposure to neonicotinoids impaired honey bees winterization before proceeding to colony collapse disorder », *Bulletin of Insectology*, vol. 67, n° 1, 2014, p. 125-130.

175. D. Gibbons *et al.*, « A review of the direct and indirect effects of neonicotinoids and fipronil on vertebrate wildlife », *Environmental Science and Pollution Research*, 2014, p. 1-16.

176. J. P. Van der Sluijs *et al.*, « Conclusions of the Worldwide Integrated Assessment on the risks of neonicotinoids and fipronil to biodiversity and ecosystem functioning », *Environmental Science and Pollution Research*, vol. 22, n° 1, 2014, p. 148-154.

177. S. Landrin et L. Van Eeckhout, « La pollution à Paris aussi nocive que le tabagisme passif », *Le Monde*, 24 novembre 2014.

178. M. Scheffer *et al.*, « Catastrophic shifts in ecosystems », *Nature*, vol. 413, n° 6856, 2001, p. 591-596.

179. S. Kefi *et al.*, « Spatial vegetation patterns and imminent desertification in Mediterranean arid ecosystems », *Nature*, vol. 449, n° 7159, 2007, p. 213-217.

180. J. A. Foley *et al.*, « Regime shifts in the Sahara and Sahel : Interactions between ecological and climatic systems in Northern Africa », *Ecosystems*, vol. 6, n° 6, 2003, p. 524-532.

181. E. A. Davidson *et al.*, « The Amazon basin in transition », *Nature*, n° 481, 2012, p. 321-328.

182. T. M. Lenton *et al.*, « Tipping elements in the Earth's climate system », *Proceedings of the National Academy of Sciences*, vol. 105, n° 6, 2008, p. 1786-1793.

183. T. M. Lenton, « Arctic climate tipping points », *Ambio*, vol. 41, n° 1, 2012, p. 10-22.

184. A. P. Kinzig *et al.*, « Resilience and regime shifts : Assessing cascading effects », *Ecology and Society*, n° 11, 2006, p. 20 ; M. Gladwell, *The Tipping Point : How Little Things Can Make a Big Difference*, Little Brown, 2000 ; B. Hunter, « Tipping points in social networks », Stanford University Symbolic Systems Course Blog, 2012.

185. D. Korowicz, « Trade Off : Financial system supply-chain cross contagion – a study in global systemic collapse », FEASTA, 2012 ; http://www.feasta.org/wp-content/uploads/2012/10/Trade_Off_Korowicz.pdf.

186. A. D. Barnosky *et al.*, « Approaching a state shift in Earth's biosphere », *Nature*, n° 486, 2012, p. 52-58.

187. A. Garric, « La fin de la planète en 2100 ? », *Le Monde Blog Eco(lo)* [en ligne], 27 juillet 2012.

188. T. P. Hughes *et al.*, « Multiscale regime shifts and planetary boundaries », *Trends in Ecology & Evolution*, 28(7), 2013, p. 389-395.

189. B. W. Brook *et al.*, « Does the terrestrial biosphere have planetary tipping points ? », *Trends in Ecology & Evolution*, 28(7), 2013, p. 396-401.

190. P. A. David, « Clio and the Economics of QWERTY », *The American Economic Review*, vol. 25, n° 2, 1985, p. 332-337.

191. Ch. Herve-Gruyer et P. Herve-Gruyer, *Permaculture. Guérir la terre, nourrir les hommes*, Actes Sud, 2014.

192. O. De Schutter et G. Vanloqueren, « The new green revolution : how twenty-first-century science can feed the world », *Solutions*, vol. 2, n° 4, 2011, p. 33-44.

193. http://www.rightlivelihood.org/gao.html.

194. O. De Schutter *et al.*, « Agroécologie et droit à l'alimentation », rapport présenté à la 16e session du Conseil des droits de l'homme de l'ONU, 2011 [A/HRC/16/49].

195. FAO, Symposium international sur l'agroécologie pour la sécurité alimentaire et la nutrition, Rome, 18-19 septembre 2014 ; http://www.fao.org/about/meetings/afns/fr/.

196. G. C. Unruh, « Understanding carbon lock-in », *Energy Policy*, vol. 28, n° 12, 2000, p. 817-830.

197. Ch. Bonneuil et J.-B. Fressoz, *L'Événement Anthropocène, op. cit.*, p. 129-133.

198. M. A. Janssen et M. Scheffer, « Overexploitation of renewable resources by ancient societies and the role of sunk-cost effects », *Ecology and Society*, vol. 9, n° 1, 2004, p. 6.

199. Agence internationale de l'énergie, « World Energy Outlook 2014 ».

200. R.-V. Joule et J.-L. Beauvois, *Petit traité de manipulation à l'usage des honnêtes gens*, Presses universitaires de Grenoble, 2009.

201. G. Vanloqueren et P. V. Baret, « How agricultural research systems shape a technological regime that develops genetic engineering but locks out agroecological innovations », *Research policy*, vol. 38, n° 6, 2009, p. 971-983 ; G. Vanloqueren et P. V. Baret, « Why are ecological, low-input, multi-resistant wheat cultivars slow to develop commercially ? A Belgian agricultural "lock-in" case study », *Ecological Economics*, vol. 66, n° 2, 2008, p. 436-446.

202. J. Gadrey, « La "démocratie écologique" de Dominique Bourg n'est pas la solution », *Alternatives économiques*, 18 janvier 2011.

203. Adam Rome, 2001. Cité par J.-B. Fressoz, « Pour une histoire désorientée de l'énergie », *Entropia. Revue d'étude théorique et politique de la décroissance*, n° 15, 2013.

204. F. Veillerette et F. Nicolino, *Pesticides, révélations sur un scandale français*, Fayard, 2007.

205. Voir la vidéo, « DDT so safe you can eat it 1947 » disponible sur www.youtube.com/watch?v=gtcXXbuR244.

206. M. Scheffer *et al.*, « Slow response of societies to new problems : causes and costs », *Ecosystems*, vol. 6, n° 5, 2003, p. 493-502.

207. J. Tainter, *L'Effondrement des sociétés complexes,* Le Retour aux Sources, 2013 [1988].

208. G. C. Unruh et J. Carrillo-Hermosilla, « Globalizing carbon lock-in », *Energy Policy,* vol. 34, n° 10, 2006, p. 1185-1197.

209. P. Gai *et al.*, « Complexity, concentration and contagion », *Journal of Monetary Economics,* vol. 58, n° 5, 2011, p. 453-470.

210. S. Vitali *et al.*, « The network of global corporate control », *PloS ONE,* vol. 6, n° 10, 2011, p. e25995.

211. Ch. Bonneuil et J.-B. Fressoz, *L'Événement Anthropocène, op. cit.*, p. 129.

212. Richard Heede, « Tracing anthropogenic carbon dioxide and methane emissions to fossil fuel and cement producers, 1854-2010 », *Climatic Change,* vol. 122, 2014, p. 229-241.

213. R. Douthwaite, *The Growth Illusion : How Economic Growth Has Enriched the Few, Impoverished the Many and Endangered the Planet,* Green Books, 1999.

214. Cité par A. Miller et R. Hopkins, « Climate after growth. Why environmentalists must embrace post-growth economics and community resilience », Post-Carbon Institute, septembre 2013.

215. D. Holmgren, « Crash on demand. Welcome to the brown tech world », *Holmgren Design,* décembre 2013.

216. D. Arkell, « The evolution of creation », *Boeing Frontiers Online,* vol. 3, n° 10, 2005 ; http://www.boeing.com/news/frontiers/archive/2005/march/mainfeature1.html.

217. Cité par D. MacKenzie, « Why the demise of civilisation may be inevitable », *New Scientist,* n° 2650, 2008, p. 32-35.

218. *Id.*

219. I. Goldin et M. Mariathasan, *The Butterfly Defect : How Globalization Creates Systemic Risks, and What to Do about It,* Princeton University Press, 2014.

220. R. M. May *et al.*, « Complex systems : Ecology for bankers », *Nature,* vol. 451, n° 7181, 2008, p. 893-895.

221. A. G. Haldane et V. Madouros, « The dog and the frisbee », *in* Speech presented at the Federal Reserve Bank of Kansas City's Jackson Hole economic policy symposium, Jackson Hole, Wyoming, USA, 31 août 2012.

222. M. Lewis, *Flash Boys : a Wall Street Revolt,* W. W. Norton & Company, 2014.

223. Bank of International Settlements, « OTC derivatives market activity in the second half of 2013 », 8 mai 2014 ; http://www.bis.org/publ/otc_hy1405.htm.

224. P. Gai *et al.* « Complexity, concentration and contagion », *op. cit.*

225. P. Gai et S. Kapadia, « Contagion in financial networks », *Proceedings of the Royal Society A*, vol. 466, n° 2120, 2010, p. 2401-2423.

226. R. J. Caballero et A. Simsek, « Fire sales in a model of complexity », *The Journal of Finance*, vol. 68, n° 6, 2013, p. 2549-2587.

227. E. Yardeni et M. Quitana, « Global economic briefing : Central Bank balance sheets », Yardeni Research Inc., décembre 2014.

228. J. Soble, « Japan abruptly acts to stimulate economy », *The New York Times*, 31 octobre 2014.

229. John Maynard Keynes, *The Economic Consequences of the Peace*, Skyhorse publishing, 2007 [1919], p. 134. Cité par William Ophuls, « Immoderate greatness. Why civilizations fail », autoédition, 2012.

230. Eurostat, « General Government Gross Debt – Annual Data » ; http://ec.europa.eu/eurostat/tgm/table.do?tab=table&init=1&language=en&pcode=teina225.

231. T. Vampouille, « Les stocks stratégiques pétroliers en France », *Le Figaro*, 28 mars 2012.

232. World Economic Forum, « Impact of Thailand Floods 2011 on supply chain », Mimeo, WEF, 2012.

233. White House, « National strategy for global supply chain security », Washington DC, 2012, p. 4.

234. Cité par S. Cox, « US food supply vulnerable to attack », *BBC Radio 4*, 22 août 2006 ; http://news.bbc.co.uk/2/hi/americas/5274022.stm.

235. L. M. Wein, et Y. Liu, « Analyzing a bioterror attack on the food supply : the case of botulinum toxin in milk », *Proceedings of the National Academy of Sciences of the United States of America*, vol. 102, n° 28, 2005, p. 9984-9989.

236. H. Escaith, « Trade collapse, trade relapse and global production networks : supply chains in the great recession », MPRA Paper n° 18274, OECD Roundtable on impacts of the economic crisis on globalization and global value chains, Paris, 28 octobre 2009 ; H. Escaith *et al*, « International supply chains and trade elasticity in times of global crisis », World Trade Organization (Economic Research and Statistics Division), 2010, Staff Working Paper ERSD-2010-08.

237. K. J. Mizgier *et al.*, « Modeling defaults of companies in multi-stage supply chain networks », *International Journal of Production Economics*, vol. 135, n° 1, 2012, p. 14-23 ; S. Battiston *et al.*, « Credit chains and bankruptcy propagation in production networks », *Journal of Economic Dynamics and Control*, vol. 31, n° 6, 2007, p. 2061-2084.

238. A. G. Haldane et R. M. May, « Systemic risk in banking ecosystems », *Nature*, vol. 469, n° 7330, 2011, p. 351-355.

239. SWIFT (Society for Worldwide Interbank Financial Telecommunication) ; http://www.swift.com/about_swift/company_information/company_information.

240. Oxford Economics, *The Economic Impacts of Air Travel Restrictions Due to Volcanic Ash*, Abbey House, 2010.

241. N. Robinson, « The politics of the fuel protests : Towards a multidimensional explanation », *The Political Quarterly*, vol. 73, n° 1, 2002, p. 58-66.

242. A. McKinnon, « Life without trucks : The impact of a temporary disruption of road freight transport on a national economy », *Journal of Business Logistics*, vol. 27, n° 2, 2006, p. 227-250.

243. R. D. Holcomb, « When trucks stop, America stops », American Trucking Association, 2006.

244. D. McKenzie, « Will a pandemic bring down civilisation ? », *New Scientist*, 5 avril 2008.

245. H. Byrd et S. Matthewman, « Exergy and the city : The technology and sociology of power (failure) », *Journal of Urban Technology*, vol. 21, n° 3, 2014, p. 85-102.

246. I. Goldin et M. Mariathasan, 2014, *op. cit.*, p. 101.

247. S. Kroft, « Falling apart : America's neglected infrastructure », *CBS News*, 23 novembre 2014 ; http://www.cbsnews.com/news/falling-apart-america-neglected-infrastructure/.

248. *Id.*

249. D. Korowicz, « Trade-Off : Financial system supply-chain cross-contagion », *op. cit.*

250. D. MacKenzie, « Will a pandemic bring down civilisation ? », *op. cit.*

251. *Id.*

252. Cité par D. MacKenzie, *op. cit.*

253. *Id.*

254. I. Goldin, *Divided Nations : Why global governance is failing, and what we can do about it*, Oxford University Press, 2013.

255. B. Walker *et al.*, « Looming global-scale failures and missing institutions », *Science*, vol. 325, n° 5946, 2009, p. 1345-1346.

256. D. Helbing, « Globally networked risks and how to respond », *Nature*, vol. 497, n° 7447, 2013, p. 51-59.

257. « L'ONU estime qu'un million de personnes sont menacées par la faim à cause d'Ebola », *LeMonde.fr*, 17 décembre 2014.

258. R. Barroux, « Ebola met à mal tout le système de santé guinéen », *Le Monde*, 31 décembre 2014.

259. A. B. Frank *et al.*, « Dealing with femtorisks in international relations », *PNAS*, vol. 111, n° 49, 2014, p. 17356-17362.

260. P. R. Ehrlich, *The Population Bomb*, Ballantine Books, 1968.

261. R. Carson, *Printemps silencieux*, Wildproject, 2014 [1962].

262. D. Nuccitelli, « A remarkably accurate global warming prediction, made in 1972 », *The Guardian*, 19 mars 2014.

263. A. Kilpatrick et A. Marm, « Globalization, land use, and the invasion of West nile virus », *Science*, vol. 334, n° 6054, 2011, p. 323-327.

264. N. N. Taleb, *Le Cygne noir*, Les Belles Lettres, 2010 [2007].

265. Cité par J.-P. Dupuy, *Pour un catastrophisme éclairé, op. cit.*, p. 105.

266. *Ibid.*, p. 84-85.

267. D. J. Snowden et M. E. Boone, « A leader's framework for decision making », *Harvard Business Review*, vol. 85, n° 11, 2007, p. 59-69.

268. J.-P. Dupuy, *Pour un catastrophisme éclairé, op. cit.*, p. 13.

269. Hans Jonas, cité par J.-P. Dupuy, *Pour un catastrophisme éclairé, op. cit.*

270. J.-P. Dupuy, *Pour un catastrophisme éclairé, op. cit.*, p. 63.

271. *Ibid.*, p. 84-85.

272. S. Kéfi *et al.*, « Spatial vegetation patterns and imminent desertification in Mediterranean arid ecosystems », *Nature*, vol. 449, n° 7159, 2007, p. 213-217.

273. L. Dai *et al.*, « Slower recovery in space before collapse of connected populations », *Nature*, vol. 496, n° 7445, 2013, p. 355-358.

274. S. Carpenter *et al.*, « Early warnings of regime shifts : A whole-ecosystem experiment », *Science*, vol. 332, n° 6033, 2011, p. 1079-1082 ; A. J. Veraart *et al.*, « Recovery rates reflect distance to a tipping point in a living system », *Nature*, vol. 481 n° 7381, 2012, p. 357-359 ; L. Dai *et al.*, « Generic indicators for loss of resilience before a tipping point leading to population collapse », *Science*, vol. 336, n° 6085, 2012, p. 1175-1177.

275. C. A. Boulton *et al.*, « Early warning signals of Atlantic Meridional Overturning Circulation collapse in a fully coupled climate model », *Nature communications*, vol. 5, n° 5752, 2014.

276. T. Lenton *et al.*, « Tipping elements in the Earth's climate system », *Proceedings of the National Academy of Sciences*, vol. 105, n° 6, 2008, p. 1786-1793.

277. R. Wang *et al.*, « Flickering gives early warning signals of a critical transition to a eutrophic lake state », *Nature*, vol. 492, n° 7429, 2012, p. 419-422

278. A. J. Veraart *et al.*, 2012, *op. cit.*

279. J. Bascompte et P. Jordano, « Plant-animal mutualistic networks : the architecture of biodiversity », *Annual Review of Ecology, Evolution, and Systematics*, vol. 38, 2007, p. 567-593.

280. M. Scheffer *et al.*, « Anticipating critical transitions », *Science*, vol. 338, n° 6105, 2012, p. 344-348.

281. R. May *et al.*, « Complex systems : Ecology for bankers », *Nature*, vol. 451, n° 7181, 2008, p. 893-895.

282. Institute of Chartered Accountants in Australia, « Early warning systems : Can more be done to avert economic and financial crises ? », 2011.

283. M. Gallegati, « Early warning signals of financial stress : A "Wavelet-Based" composite indicators approach », in *Advances in Non-linear Economic Modeling*, Berlin-Heidelberg, Springer, 2014, p. 115-138 ; R. Quax *et al.*, « Information dissipation as an early-warning signal for the Lehman Brothers collapse in financial time series », *Scientific Reports*, vol. 3, 30 mai 2013.

284. V. Dakos *et al.*, « Resilience indicators : prospects and limitations for early warnings of regime shifts », *Philosophical Transactions of the Royal Society B : Biological Sciences*, vol. 370, n° 1659, 2015, p. 20130263.

285. S. R. Carpenter *et al.*, « A new approach for rapid detection of nearby thresholds in ecosystem time series », *Oikos*, vol. 123 n° 3, 2014, p. 290-297.

286. S. Kéfi *et al.*, « Early warning signals also precede non-catastrophic transitions », *Oikos*, vol. 122, n° 5, 2013, p. 641-648

287. Institute of Chartered Accountants in Australia, *op. cit.*

288. J.-P. Dupuy, *Pour un catastrophisme éclairé, op. cit.*, p. 132.

289. S. Motesharrei *et al.*, « Human and nature dynamics (HANDY) : Modeling inequality and use of resources in the collapse or sustainability of societies », *Ecological Economics*, vol. 101, 2014, p. 90102.

290. H. Kempf, *Comment les riches détruisent la planète*, Seuil, 2009.

291. J. Stiglitz, *Le Prix de l'inégalité*, Les Liens qui Libèrent, 2012.

292. R. Wilkinson et K. Pickett, *Pourquoi l'égalité est meilleure pour tous*, Les Petits Matins/Institut Veblen, 2013.

293. S. Lansley, *The Cost of Inequality : Three Decades of the Super-Rich and the Economy*, Gibson Square Books Ltd, 2011.

294. C. B. Field *et al.*, « Climate change 2014 : impacts, adaptation, and vulnerability », Contribution of Working Group II to the Fifth Assessment Report of the Intergovernmental Panel on Climate Change (IPCC), 2014.

295. T. Piketty, *Le Capital au XXIe siècle*, Seuil, 2013.

296. Voir E. Marshall, « Tax man's gloomy message : The rich will get richer », *Science*, vol. 344, n° 6186, 2014, p. 826827.

297. E. Saez et G. Zucman, « Wealth inequality in the United States since

1913 : Evidence from capitalized income Tax Data », *Working Paper*, National Bureau of Economic Research, 2014 ; http://www.nber.org/papers/w20625.

298. S. Motesharrei *et al.*, *op. cit.*, p. 100.

299. D. Meadows *et al.*, *Halte à la croissance : Rapport sur les limites de la croissance*, Fayard, 1973 [1972].

300. Groupe de réflexion réunissant des scientifiques, des économistes, des fonctionnaires nationaux et internationaux, ainsi que des industriels de 53 pays (source : Wikipedia).

301. D. H. Meadows *et al.*, *Beyond the Limits : Global Collapse or a Sustainable Future*, Earthscan Publications Ltd, 1992.

302. D. Meadows *et al.*, *Limits to Growth : The 30-Year Update*, *op. cit.* La traduction française est disponible aux éditions Rue de l'Échiquier, 2012.

303. G. M. Turner, « A comparison of *The Limits to Growth* with 30 years of reality », *Global Environmental Change*, vol. 18, n° 3, 2008, p. 397-411 ; G. M. Turner, « On the cusp of global collapse ? Updated comparison of *The Limits to Growth* with historical data », *GAIA-Ecological Perspectives for Science and Society*, vol. 21, n° 2, 2012, p. 116-124.

304. En plus des entretiens parus dans *Le Monde*, *Libération*, *Imagine* ou *Terra Eco*, lire son article « Il est trop tard pour le développement durable », *in* Agnès Sinaï (dir.), *Penser la décroissance. Politiques de l'Anthropocène*, Les Presses de Sciences-Po, « Nouveaux Débats », 2013, p. 195-210.

305. J.-P. Dupuy, *Pour un catastrophisme éclairé*, *op. cit.*, p. 84-85.

306. Dictionnaire Littré en ligne (XMLittré v2) ; www.littre.org.

307. J. Diamond, *Effondrement : comment les sociétés décident de leur disparition ou de leur survie*, Gallimard, « Folio », 2009 [2005], p. 16.

308. P. Clastres, *La Société contre l'État*, éd. de Minuit, 2011 ; J. C. Scott, *Zomia ou l'art de ne pas être gouverné*, Seuil, 2013.

309. P. Kropotkine, *L'Entraide. Un facteur de l'évolution*, Aden éditions, 2009.

310. E. M. Conway et N. Oreskes, *L'Effondrement de la civilisation occidentale*, Les Liens qui Libèrent, 2014.

311. J. M. Greer, *The Long Descent : A User's Guide to the End of the Industrial Age*, New Society Publishers, 2008.

312. S. Latouche, *Le Pari de la décroissance*, Fayard, 2006.

313. Ibn Khaldoun, dans son célèbre ouvrage *Al-Muqaddima* (*Introduction à l'histoire universelle*), ou en français *Les Prolégomènes*, 1377.

314. Montesquieu, *Considérations sur les causes de la grandeur des Romains et de leur décadence*, 1734.

315. E. Gibbon, *Histoire de la décadence et de la chute de l'Empire romain*, Lefèvre, 1819 [1776-1788].

316. O. Spengler, *Le Déclin de l'Occident* (2 tomes 1918-1922), Gallimard, 2000 [1948].

317. A. Toynbee, *L'Histoire. Les grands mouvements de l'histoire à travers le temps, les civilisations, les religions*, Elsevier, « Séquoia », 1975.

318. P. Turchin, *Historical Dynamics : Why States Rise and Fall*, Princeton University Press, 2003 ; *War and Peace and War : The Rise and Fall of Empires*, Penguin Group, 2007 ; avec S. Nefedov, *Secular Cycles*, Princeton University Press, 2009.

319. B. Ward-Perkins, *La Chute de Rome*, Alma, 2014.

320. K. W. Butzer, « Collapse, environment, and society », *PNAS*, vol. 109, n° 10, 2012, p. 3632-3639.

321. V. Duvat et A. Magnan, *Des catastrophes... « naturelles » ?*, Le Pommier, 2014.

322. W. Ophuls, *Immoderate Greatness : Why Civilizations Fail*, CreateSpace Independent Publishing Platform, 2012, p. 63.

323. P. Turchin et S. Nefedov, *Secular cycles*, *op. cit.*

324. K. W. Butzer, *op. cit.*

325. D. Biggs *et al.*, « Are we entering an era of concatenated global crises ? », *Ecology and Society*, vol. 16, n° 2, 2011, p. 27-37.

326. D. Orlov, *Reinventing Collapse : The Soviet Experience and American Prospects*, New Society Publishers, 2008. Voir aussi son excellent blog : http://cluborlov.blogspot.com.

327. D. Orlov, *The Five Stages of Collapse : Survivors' Toolkit*, New Society Publishers, 2013.

328. D. Orlov, « The sixth stage of collapse », *ClubOrlov*, 22 octobre 2013 ; http://cluborlov.blogspot.be/2013/10/the-sixth-stage-of-collapse.html.

329. L. H. Gunderson et C. S. Holling, *Panarchy : Understanding Transformations in Human and Natural Systems*, Island Press, 2002.

330. D. Korowicz, *Tipping Point : Near-Term Systemic Implications of a Peak in Global Oil Production. An Outline Review*, FEASTA & The Risk/Resilience Network, 2010.

331. J. M. Greer, *The Long Descent*, *op. cit.*

332. Voir aussi le troisième modèle d'Yves Cochet, « Les trois modèles du monde », *in* Agnès Sinaï (dir.), *Penser la décroissance*, *op. cit.*, p. 62-71.

333. I. Wallerstein, *Comprendre le monde. Introduction à l'analyse des systèmes-monde*, La Découverte, 2006.

334. G. D. Kuecker et T. D. Hall, « Resilience and community in the age of World-system collapse », *Nature and Culture*, vol. 6, 2011, p. 1840.

335. O. De Schutter *et al.*, *Agroécologie et droit à l'alimentation, op. cit.*

336. DEFRA, « UK Food Security Assessment : Detailed Analysis », 2010.

337. D. Korowicz, « On the cusp of collapse : Complexity, energy and the globalised economy », in *Fleeing Vesuvius. Overcoming the Risks of Economic and Environmental Collapse*, FEASTA & New Society Publishers, 2010.

338. « Rusting brakes : Germany faces freight train shortage as growth picks up », *Spiegel Online*, 5 avril 2010 ; http://www.spiegel.de/international/business/rusting-brakes-germany-faces-freight-train-shortage-as-growth-picks-up-a-687291.html.

339. M. Derex *et al.*, « Experimental evidence for the influence of group size on cultural complexity », *Nature*, vol. 503, n° 7476, 2013, p. 389-391.

340. *Ibid.*, p. 391.

341. « Le déclin du nucléaire », interview de Mycle Schneider, *Silence*, n° 410, 2013, p. 5-9.

342. *Id.*

343. R. Heinberg et J. Mander, *Searching for a Miracle : Net Energy Limits and the Fate of Industrial Society*, Post-Carbon Institute, 2009, p. 37.

344. Pour plus de détails sur cette problématique, voir P. Servigne, « Le nucléaire pour l'après-pétrole ? », *Barricade*, 2014. Disponible sur www.barricade.be.

345. M. Sourrouille (coord.), *Moins nombreux, plus heureux. L'urgence écologique de repenser la démographie*, Sang de la Terre, 2014.

346. P. Gerland *et al.*, « World population stabilization unlikely this century », *Science*, vol. 346, n° 6206, 2014, p. 234-237.

347. E. Boserup, *Évolution agraire et pression démographique*, Flammarion, 1970.

348. H. Stockael, *La Faim du monde*, Max Milo, 2012.

349. V. Smil, *Enriching the Earth : Fritz Haber, Carl Bosch, and the Transformation of World Food Production*, MIT press, 2004 ; N. Gruber et J. N. Galloway, « An Earth-system perspective of the global nitrogen cycle », *Nature*, n° 451, 2008, p. 293-296.

350. P. Rasmont et S. Vray, « Les crises alimentaires en Belgique au XXIe siècle », *Les Cahiers nouveaux*, n° 85, 2013, p. 47-50.

351. G. C. Daily et P. R. Ehrlich, « Population, sustainability, and Earth's carrying capacity », *BioScience*, 1992, p. 761-771.

352. Autrement appelé le paradoxe de Jevons : l'introduction d'une techno-

logie plus efficace dans l'utilisation d'une ressource augmente la consommation de cette ressource au lieu de la diminuer.

353. H. Welzer, *Les Guerres du climat. Pourquoi on tue au* XXI*e siècle*, Gallimard, 2009.

354. IPCC, « Summary for Policymakers », in *Climate Change 2014 : Impacts, Adaptation, and Vulnerability. Part A : Global and Sectoral Aspects. Contribution of Working Group II to the Fifth Assessment Report of the Intergovernmental Panel on Climate Change*, Cambridge University Press, Cambridge-New York, p. 1-32.

355. S. M. Hsiang, M. Burke et E. Miguel, « Quantifying the influence of climate on human conflict », *Science*, vol. 341, n° 6151, 2013, p. 1235367.

356. J. O' Loughlin *et al.*, « Modeling and data choices sway conclusions about climate-conflict links », *PNAS*, n° 111, 2014, p. 2054-2055.

357. J. Scheffran et A. Battaglini, « Climate and conflicts : the security risks of global warming », *Regional Environmental Change*, vol. 11, n° 1, 2011, p. 27-39.

358. N. M. Ahmed, « Pentagon preparing for mass civil breakdown », *The Guardian*, 12 juin 2014 ; « Pentagon bracing for public dissent over climate and energy shocks », *The Guardian*, 14 juin 2013.

359. D. P. Aldrich, *Building Resilience. Social Capital in Post-Disaster Recovery*, University of Chicago Press, 2012.

360. R. Solnit, *A Paradise Built in Hell : The Extraordinary Communities That Arise in Disaster*, Penguin Books, 2012.

361. Cité par J. Lecomte, *La Bonté humaine. Altruisme, empathie, générosité*, Odile Jacob, Paris, 2012, p. 24.

362. L. Clarke, « Panic : myth or reality ? », *Contexts*, vol. 1, n° 3, 2002, p. 21-26.

363. R. Olshansky, « San Francisco, Kobe, New Orleans : Lessons for rebuilding », *Social Policy*, vol. 36, n° 2, 2006, p. 17-19.

364. Par exemple D. Helbing et W. Yu, « The outbreak of cooperation among success-driven individuals under noisy conditions », *PNAS*, vol. 106, n° 10, 2009, p. 3680-3685.

365. J. Lecomte, *La Bonté humaine*, *op. cit.*

366. J.-M. Jancovici, « Combien suis-je un esclavagiste ? », *Manicore*, 2013. www.manicore.com/documentation/esclaves.html.

367. S. Bowles et H. Gintis, *A cooperative Species : Human Reciprocity and Its Evolution*, Princeton University Press, 2011.

368. Phénomène très présent dans les films catastrophes, surtout dans les crashs aériens, ainsi que dans la plupart des films de zombies. Pour les

plus courageux, lire L. Clarke, « Panic : myth or reality ? », *Contexts,* vol. 1, n° 3, 2002, p. 21-26.

369. B. E. Goldstein *et al.*, « Narrating resilience : transforming urban systems through collaborative storytelling », *in* « Special issue : Governing for urban resilience », *Urban Studies*, 2013, p. 1-17.

370. Les « contes de la transition » sont des activités créées par les initiatives de transition pour sensibiliser les enfants des écoles primaires et secondaires au double défi du pic pétrolier et du changement climatique en imaginant des solutions basées sur des histoires positives.

371. L. Semal, « Politiques locales de décroissance », *in* Agnès Sinaï (dir.), *Penser la décroissance, op. cit.*, p. 157.

372. Lire à ce sujet les articles de P. Servigne, « Au-delà du vote "démocratique". Les nouveaux modes de gouvernance », et « Outils de facilitation et techniques d'intelligence collective », publiés par *Barricade* en 2011. Disponibles sur www.barricade.be.

373. C. Hamilton, *Requiem pour l'espèce humaine*, Les Presses de Sciences Po, 2013.

374. C. Dilworth, *Too Smart for Our Own Good : The Ecological Predicament of Humankind*, Cambridge University Press, 2010.

375. G. Harman, « Your brain on climate change : why the threat produces apathy, not action », *The Guardian*, 10 novembre 2014.

376. C. Hamilton, *Requiem pour l'espèce humaine, op. cit.*, p. 139.

377. C. Roberts, *Ocean of Life*, Penguin, 2013, p. 41.

378. D. Meadows, « Il est trop tard pour le développement durable », 2013, *op. cit.*, p. 199.

379. J.-P. Dupuy, *Pour un catastrophisme éclairé, op. cit.*, p. 142.

380. D. Meadows, 2013, *op. cit.*, p. 204.

381. D. Meadows, 2013, *op. cit.*, p. 203.

382. *Id.*

383. N. Oreskes et E. M. Conway, *Les Marchands de doute*, Paris, Le Pommier, 2012 ; S. Foucart, *La Fabrique du mensonge : comment les industriels manipulent la science et nous mettent en danger*, Denoël, 2013.

384. N. Oreskes et E. M. Conway, 2012, *op. cit.*, p. 26.

385. K. Brysse *et al.*, « Climate change prediction : Erring on the side of least drama ? », *Global Environmental Change*, vol. 23, n° 1, p. 327-337.

386. C. Hamilton, *Requiem pour l'espèce humaine, op. cit.*, p. 8.

387. *Id.*

388. S. C. Moser et L. Dilling, « Toward the social tipping point : Creating a climate for change », in *Creating a Climate for Change : Communicating*

Climate Change and Facilitating Social Change, Cambridge University Press, 2007, p. 491-516 ; M. Milinski *et al.*, « The collective-risk social dilemma and the prevention of simulated dangerous climate change », *PNAS*, n° 105, 2008, p. 2291-2294.

389. D. Servan-Schreiber, *Anticancer*, Robert Laffont, 2007.

390. C. Hamilton, 2013, *op. cit.*, p. 11.

391. *Id.*, p. 7.

392. *Id.*

393. *Id.* ; J. Macy, *Écopsychologie pratique et rituels pour la Terre. Retrouver le lien vivant avec la nature*, Le Souffle d'Or, 2008 ; B. Plotkin, *Nature and the Human Soul : Cultivating Wholeness in a Fragmented World*, New World Library, 2008 ; C. Baker, *Navigating the Coming Chaos : A Handbook for Inner Transition*, iUniverse, 2011.

394. Voir par exemple le site de Terr'Eveille : www.terreveille.be.

395. C. Hamilton, 2013, *op. cit.*, p. 9.

396. D. J. F. de Quervain *et al.*, « The neural basis of altruistic punishment », *Science*, n° 305, 2004, p. 1254-1258.

397. Comité invisible, *L'Insurrection qui vient*, La Fabrique, 2007 ; Comité invisible, *À nos amis*, La Fabrique, 2014.

398. *Silence*, *Imagine*, *Bastamag*, *La Décroissance* ou *Passerelle Éco*.

399. R. Hopkins, *Ils changent le monde*, *op. cit.* ; B. Manier, *Un million de révolutions tranquilles*, Les Liens qui Libèrent, 2012.

400. L. Semal, « Politiques locales de décroissance », *op. cit.*, p. 144.

401. R. Hopkins, *The Transition Companion : Making Your Community More Resilient in Uncertain Times*, Chelsea Green Publishing Company, 2011.

402. B. Thévard, « Vers des territoires résilients », étude réalisée pour le groupe Les Verts/ALE au Parlement européen, 2014 ; R. Hopkins, *Manuel de Transition – de la dépendance au pétrole à la résilience locale*, Écosociété/Silence, 2010.

403. Agnès Sinaï (dir.), *Économie de l'après-croissance. Politiques de l'Anthropocène II*, Presses de Sciences Po, 2015 ; J. M. Greer, *La Fin de l'abondance – L'économie dans un monde post-pétrole*, Écosociété, 2013.

404. J. Diamond, 2009, *op. cit.*, p. 468.

405. A. Canabate, « La cohésion sociale en temps de récession prolongée. Espagne, Grèce, Portugal », étude réalisée pour le groupe Les Verts/ALE au Parlement européen, 2014.

406. A. Miller et R. Hopkins, « Climate after growth », *op. cit.*, note de bas de page n° 9.

407. D. Holmgren, « Crash on demand », *op. cit.*

408. P. Servigne et Ch. Araud, « La transition inachevée. Cuba et l'après-pétrole », *Barricade*, 2012 ; disponible sur www.barricade.be.

409. M. Davis, « Écologie en temps de guerre. Quand les États-Unis luttaient contre le gaspillage des ressources », *Mouvements*, 54, 2008, p. 93-98.

410. M. Szuba, « Régimes de justice énergétique », *in* Agnès Sinaï (dir.), *Penser la décroissance, op. cit.*, p. 132.

411. *Ibid.*, p. 120.

412. *Ibid.*, p. 134-135.

413. *Ibid.*, p. 136.

414. M. Rocard *et al.*, « Le genre humain, menacé », *Le Monde*, 2 avril 2011.

415. N. Klein, *La Stratégie du choc. La montée d'un capitalisme du désastre*, Actes Sud, 2008.

416. H. Kempf, *L'Oligarchie ça suffit, vive la démocratie*, Seuil, 2011.

417. L. Semal, « Politiques locales de décroissance », *op. cit.*, p. 147.

418. P. R. Ehrlich et A. H. Ehrlich, « Can a collapse of global civilization be avoided ? », 2013, *op. cit.*, p. 20122845.

419. C. Hamilton, 2013, *op. cit.*, p. 12.

420. A. Miller et R. Hopkins, « Climate after growth », *op. cit.*

421. Ce qui n'est plus possible, voir T. Piketty, *Le Capital au XXIe siècle*, *op. cit.* ou « Le vrai rôle de l'énergie va obliger les économistes à changer de dogme », entretien de Gaël Giraud publié le 14 avril 2014 sur le blog http://petrole.blog.lemonde.fr/.

422. J.-P. Dupuy, *Pour un catastrophisme éclairé, op. cit.*, p. 84-85.

423. H. Jonas, *Le Principe responsabilité*, Flammarion, 1998 [1979].

424. C. Hamilton, 2013, *op. cit.*, p. 11.

425. Ch. Bonneuil et J.-B. Fressoz, *L'Événement Anthropocène, op. cit.*, p. 218.

426. *Ibid.*, note de bas de page 359.

427. *Ibid.*, note de bas de page 362.

428. N. Georgescu-Roegen, *La Décroissance. Entropie, écologie, économie*, 3e édition revue, Paris, Sang de la Terre et Ellébore, 2006.

429. R. Heinberg, *Pétrole : la fête est finie !*, Demi-Lune, 2008.

TABLE

Troisième partie.
COLLAPSOLOGIE

DANS LA MÊME COLLECTION

L'Événement Anthropocène
La Terre, l'histoire et nous
Christophe Bonneuil, Jean-Baptiste Fressoz, 2013

Les Apprentis sorciers du climat
Raisons et déraisons de la géo-ingénierie
Clive Hamilton, 2013

Toxique planète
Le scandale invisible des maladies chroniques
André Cicolella, 2013

Nous sommes des révolutionnaires malgré nous
Textes pionniers de l'écologie politique
Bernard Charbonneau, Jacques Ellul, 2014

L'Âge des low tech
Vers une civilisation techniquement soutenable
Philippe Bihouix, 2014
Prix de la fondation de l'écologie politique 2014

La Terre vue d'en haut
L'invention de l'environnement global
Sebastian Vincent Grevsmühl, 2014

Ils changent le monde !
1001 initiatives de transition écologique
Rob Hopkins, 2014

Nature en crise
Penser la biodiversité
Vincent Devictor, 2015

Crime climatique Stop!
L'appel de la société civile
Collectif, 2015

Sortons de l'âge des fossiles
Manifeste pour la transition
Maxime Combes, 2015

La Part inconstructible de la Terre
Critique du géo-constructivisme
Frédéric Neyrat, 2016

La Grande Adaptation
Climat, capitalisme et catastrophe
Romain Felli, 2016

Comment les économistes réchauffent la planète
Préface de Gaël Giraud
Antonin Pottier, 2016

Un nouveau droit pour la Terre
Pour en finir avec l'écocide
Valérie Cabanes, 2016

Une écosophie pour la vie
Introduction à l'écologie profonde
Arne Næss, 2017

Homo detritus
Critique de la société du déchet
Baptiste Monsaingeon, 2017

Géopolique d'une planète déréglée
Le choc de l'Anthropocène
Jean-Michel Valantin, 2017

Imprimé avec des encres végétales sur du papier blanchi sans chlore, recyclé à 100 % pour l'intérieur et à 80 % pour la couverture.

RÉALISATION : NORD COMPO MULTIMÉDIA À VILLENEUVE-D'ASCQ
IMPRESSION : NORMANDIE ROTO S.A.S. À LONRAI
DÉPÔT LÉGAL : AVRIL 2015. N° 122331-16 (1801459)
IMPRIMÉ EN FRANCE